O Novo Oráculo de
DELFOS

O Novo Oráculo de
DELFOS

Aquiles Kostas

ISIS
EDITORA

© Publicado em 2017 pela Editora Isis.

Revisão de textos: Rosemarie Giudilli
Diagramação: Décio Lopes
Capa: Equipe Técnica Editora Isis

DADOS DE CATALOGAÇÃO DA PUBLICAÇÃO

Kostas, Aquiles

O Novo Oráculo de Delfos/Aquiles Kostas | 1ª edição | São Paulo, SP | Editora Isis, 2017.

ISBN: 978-85-8189-084-5

1. Tarô 2. Arte Divinatória I. Título.

Proibida a reprodução total ou parcial desta obra, de qualquer forma ou por qualquer meio seja eletrônico ou mecânico, inclusive por meio de processos xerográficos, incluindo ainda o uso da internet sem a permissão expressa da Editora Isis, na pessoa de seu editor (Lei nº 9.610, de 19.02.1998).

Direitos exclusivos reservados para Editora Isis

EDITORA ISIS LTDA
www.editoraisis.com.br
contato@editoraisis.com.br

Como usar as cartas do tarô

Prezado(a) usuário(a)

Parabéns, você adquiriu um excelente produto. Permita-me lhe ajudar na conservação e tiragens do seu tarô.

1. O Tarô é uma ciência muito antiga representada por 78 cartas sendo 24 arcanos maiores e 54 menores tão antiga que não se conhece a origem.
2. As cartas têm o poder mágico de responder às perguntas que lhe são feitas.
3. As cartas do tarô, na sua essência, têm magia e recebem a energia da pessoa que as está jogando, portanto devem ser tratadas como "cartas mágicas".
4. Antes de iniciar uma sessão, junte todas elas, faça um agradecimento, estenda-as sobre a mesa viradas para baixo, embaralhando-as com duas mãos em círculo. Neste ato as cartas estarão recebendo a sua energia através das suas mãos, recolha-as e inicie a sessão.
5. É aconselhável não entregar a outras pessoas embaralhar pois a mistura de energias pode ser prejudicial para as leituras.
6. Terminada a sessão, recolha as cartas, junte-as e faça um agradecimento, acondicionando-as dentro da caixinha ou em um saquinho.

Seguindo esses simples passos você terá sucesso nas suas consultas e seu baralho lhe dará respostas confiantes.

O baralho do tarô não deve ser embaralhado como um baralho de jogo comum deve ser tratado com delicadeza e respeito afinal ele é mágico.

Faça um bom uso dele!!

SUMÁRIO

O antigo Oráculo de Delfos 9
A Arte 17
    A obra de arte como ponte entre os mundos 17
    A arte como essência do ser humano 18
    Capacidade de sublimação da obra de arte 19
    A arte como Novo Parnaso 20
Como utilizar O Novo Oráculo de Delfos 21
    Como proceder 27
    A forma mais simples 27
    A tirada de três cartas 28
    A cruz de cinco cartas 30
    A cruz mágica 31
    Tirada para analisar uma relação 32
    Tirada para pedir conselho acerca de uma ação 34
    Tirada acerca de uma relação 35
    Tirada acerca de uma relação já concluída 36
    Tirada acerca de um objeto perdido 38
    Combinação dos significados 39
Os Arcanos 41
Conclusão 153
Apêndice 155

O ANTIGO ORÁCULO DE DELFOS

As primeiras referências da história grega mencionam com frequência rochas e árvores falantes; rios, lagos, bosques, estátuas e covas nas quais moravam deuses, ninfas, náiades e demônios, os quais, com frequência formulavam oráculos.

Os oráculos mais famosos da antiguidade grega foram os e Delfos e Latona, ainda que fossem abundantes em todo o mundo antigo. Ainda que tenha sido impossível averiguar a origem das profecias oraculares, sabe-se que muitos de tais lugares já eram considerados sagrados antes do nascimento da cultura helênica. O mais famoso de todos os oráculos clássicos, o de Delfos, continua ainda hoje como um dos grandes mistérios pendentes de resolver.

Situava-se num grande recinto sagrado ao pé do Monte Parnaso, nas montanhas da Fócida, com uma altitude de uns setecentos metros acima do nível do mar a aproximadamente nove quilômetros e meio do Golfo de Corinto. Das pedras da montanha brotavam vários mananciais que formavam diferentes fontes. Uma das mais conhecias era a Fonte de Castália que era rodeada por um bosque de loureiros consagrado a Apolo. Conta a lenda que no Monte Parnaso e próximo desta fonte se reuniam algumas divindades, deusas menores do canto e da poesia – as musas – junto com as divindades das próprias fontes, chamadas náiades. Nestas reuniões o deus Apolo tocava a lira e as divindades cantavam.

A palavra Delfos significa ventre, e teria sido escolhida pela forma da caverna existente naquele lugar, cuja abertura que se achava em seu interior levava às profundidades da terra. Os gregos consideravam o Oráculo de Delfos o umbigo da terra e a ela um imenso ser vivo, personificado pela deusa Geia ou Gaia. A conexão entre o princípio da revelação oracular e o oculto significado do umbigo é um importante segredo é que faz parte dos antigos mistérios.

Tudo indica que o nome original do Oráculo era Pitón, por ser aquele lugar a morada da grande serpente desse nome, fabulosa criatura surgida do limo deixado pelo grande dilúvio que destruiu todos os seres humanos, exceto dois: Deucalion e Pirra. Apolo, depois de escalar o Monte Parnaso, após um prolongado combate, matou a serpente Pitón e arrojou o seu corpo na fissura da cova. A partir desse momento, o Deus Sol – com o nome de Apolo Pírico – começou a emitir seus oráculos desde aquele formoso lugar. Mas o espírito de Pitón permaneceu em Delfos e era com ajuda de seus eflúvios que as sacerdotisas de Apolo (pítias ou pítonisas) entravam em contato com o deus.

Sabe-se que a eleição das virgens sacerdotisas do Oráculo fazia-se sem nenhuma distinção de classes. À candidata, apenas lhe era pedido que sua vida e seus costumes fossem irrepreensíveis. A nomeação era vitalícia e elas se comprometiam a viver para sempre no santuário. Durante os séculos de apogeu do Oráculo foram necessárias até três pitonisas, para poder atender com folga às inumeráveis consultas que se recebiam. Sobre o rito que se seguia nas consultas ao Oráculo é muito pouco o que se conhece. Sabe-se que a pítia sentava-se num tripé que ficava num espaço chamado Aditum, o fundo do Templo de Apolo. Está documentado o fato de que os consulentes tinham, alguns dias antes, uma entrevista com ela. Os ditos consulentes eram de todo o tipo, desde grandes reis até gente muito pobre. Primeiramente se oferecia um sacrifício no altar que havia diante do Templo. A seguir pagavam-se as taxas correspondentes e por último o consulente apresentava-se ante a pítia e fazia suas consultas oralmente, conforme se crê.

Em outros oráculos, como o de Dódona, faziam-se as consultas gravadas em pequenas lâminas de chumbo, das quais se encontraram bastantes exemplares nas escavações. A pítia ou pitonisa dava a resposta, que um sacerdote recolhia e escrevia em forma de verso. Depois se entregava ao consulente. Um dos enigmas entre os quais se enfrentam os estudiosos é o grande número de acertos que obtinha o Oráculo de Delfos. Nele a fé era total, inclusive, caso se equivocasse, era considerada a interpretação do referido e não do próprio Oráculo. O Oráculo de Delfos influenciou de grande modo na colonização das costas do sul da Itália e da Cecília chegou a ser o centro religioso do mundo helênico.

De acordo com algumas tradições, a primeira pitonisa que atuou no Oráculo de Delfos se chamava Sibila, pelo que logo seu nome se generalizou e se seguiu utilizando como nominativo desta profissão. Nem Homero (séc. IX a VIII a.C.) nem Hesíodo (séc. VIII a.C.) falam das sibilas; seu nome aparece pela primeira vez no século VI a.C. e é o filósofo Heráclito (535-470 a. C.) o primeiro informante dessas personagens. Para outros, as sibilas eram oriundas da Ásia e em certo momento substituíram as antigas pitonisas.

Durante muitos séculos, houve uma lenda acerca do Oráculo e das pitonisas que foi considerada verdade histórica. Foi difundida pelos autores cristãos dos séculos III e IV, como Orígenes e São João Crisóstomo. Naquela época, a religiosidade da Grécia clássica via-se como um acérrimo paganismo, a que se havia de ridicularizar. Deste modo, os escritores cristãos inventaram algo que através dos séculos foi considerado verdade. De acordo com a referida lenda, o tripé da pitonisa achava-se sobre uma greta muito profunda da rocha, pela qual emanavam certos gases tóxicos que faziam com que a mulher entrasse rapidamente num estado de embriaguez, quer dizer, entrava em transe e era nesse estado que formulava suas predições, desgrenhada e arrojando espuma pela boca. Além do mais mastigava folhas de louro, o que a ajudava a alcançar um estado psicossomático especial.

Mas, o certo é que não se encontrou nenhuma descrição nos escritores gregos ou latinos que reflita este fato. Nenhum ator pagão nunca descreveu a cena da consulta, nem sequer Plutarco na sua obra "Diálogos Píticos". De outra parte, os estudos arqueológicos e geológicos realizados na área do Templo de Apolo asseguram que na rocha não existe a profunda fissura de que se fala na lenda. Ao contrário, os grandes filósofos do mundo antigo consideravam os oráculos em geral e o de Delfos em particular, algo sagrado. Sócrates confiava na guia do Oráculo de Delfos, assim também captava mensagens e sinais nos voos e cantos dos pássaros, no particular encontro com duas pessoas e nas palavras das conversações que casualmente ouvia ao passar. Igualmente, confirmava receber os conselhos de uma voz interior, seu daimon. Jenofonte manifesta que o filósofo, muitas vezes, dizia: "a divindade acaba de dar-me um sinal". Sócrates também dava conselhos ou advertências a seus seguidores, baseando-se na autoridade de sua divina guia. Jenofonte notou que aqueles que seguiam tais conselhos prosperavam, enquanto que os que não o faziam assim, logo se arrependiam.

Sócrates dizia que os indivíduos nunca deviam se acercar dos oráculos por assuntos triviais nem com perguntas que eles poderiam contestar-se a si mesmos depois de um cuidadoso estudo. Somente os temas que se encontram ocultos aos mortais deviam ser levados ante os deuses para receber sua iluminação.

Platão, por sua parte, tinha pelos santuários oraculares tão grande estima que os constituiu em peças centrais de suas cidades idealizadas. Em "A República" e em "As Leis" descreveu os líderes consultando os oráculos para receber guia acerca de onde estabelecer Templos, venerar as divindades e promover canais de comunicação entre os humanos e o mundo invisível. Para Platão, a realidade espiritual era o fundamento e a base de toda realidade material, de tal forma que a primeira tarefa de toda a comunidade era estabelecer as apropriadas relações com o sacro. Para ele, o sagrado podia expressar-se de muitos modos e um dos mais elevados era através da inspiração da arte.

Com o declive das antigas cidades-estados gregas também o Oráculo de Delfos foi perdendo lentamente seu esplendor. Assim, no ano de 362 o imperador romano Juliano enviou um emissário a Delfos com o propósito de ajudar a reviver o famoso oráculo, cuja chama estava praticamente extinta devido à negligência e aos frequentes assaltos. A lenda menciona que quando o emissário perguntou o que se podia fazer para restaurar o santuário, a sombria resposta que se recebeu foi:

Diga ao rei que a grande casa caiu.
Apolo já não tem sua morada, nem há brotos do loureiro sagrado.
As fontes estão silenciosas, as vozes estão caladas.

Estas palavras foram comunicadas ao rei e passaram a ser consideradas a proclamação definitiva das sacerdotisas, referindo-se ao próprio final do Oráculo de Delfos.

Três décadas depois, o último Templo de Apolo era saqueado e demolido pelo imperador Arcádio. O altar de Delfos foi destruído com um particular cuidado. Praticamente, todas as estruturas interiores do Templo, incluindo os altares e os implementos do culto, foram reduzidos a pó.

Com o indício final do motivo pelo qual os Hados puderam haver desmembrado seu santuário, podemos fazer referência às suas origens mitológicas. O santuário de Delfos pertencia originalmente a Geia – a Terra – a regeneradora primordial e a sustentadora da vida, que havia sido venerada durante milênios. Delfos permaneceu como oráculo da Terra ainda depois que o Sol-Apolo a recolocasse como seu patrono. A inspiração geométrica foi acessível durante milênios a todo aquele que podia recebê-la. Gente de todas as regiões eram confortadas pelo alento divino que emanava da Terra e as preenchia de exaltação interior. Alguns peregrinos convertiam-se ao sacerdócio. Outros retornavam ao povo para transformarem-se em poetas ou profetas. Posteriormente, tomou-se a decisão de restringir o acesso universal à dita sublime experiência, limitando-o só a alguns poucos indivíduos e impondo normas muito restritivas. Talvez, tenham sido destruídos os velhos santuários, para que os indivíduos pudessem redescobrir sua íntima conexão com Geia em outros lugares.

A perdurável mensagem de Delfos não está inscrita em suas ruínas nem tampouco em sua lenda. As religiões nascem, chegam ao seu apogeu, declinam e terminam por desaparecer. Os Templos elevam-se para finalmente derrubarem-se ou serem destruídos pelos fanáticos de outras religiões. Contudo, mais além de religiões e Templos, a conexão do ser humano com o Superior é imperecível. A consciência é eterna e não necessita de intermediários. Num momento do transcorrer do tempo, os santuários oraculares do mundo antigo serviram como fonte de sagrada canalização. Hoje, os altares e os vasos sagrados estão quebrados, mas seus conteúdos permanecerão sempre presentes. Quem busque para fora se extraviará, quem busque persistentemente para o interior se encontrará a si mesmo, descobrirá a totalidade do universo e verá a Deus. O de fora não é senão um pálido reflexo do de dentro.

Podemos considerar o funcionamento oracular como uma exteriorização do eterno. Um modo de mostrar à nossa mente consciente o que desde sempre já sabíamos em nosso interior. Sabíamos, sem saber que o sabíamos. Por meio do oráculo se nos mostrará fora, onde estamos acostumados a ver. Os meios oraculares que o homem moderno tem à sua disposição são muitos. O sagrado pode se expressar de muitas maneiras – dizia Platão – e uma delas é, sem dúvida, através da inspiração da arte.

A ARTE

A obra de arte como ponte entre os mundos material e espiritual

Toda obra artística pode ser considerada uma inspiração do superior, refletida em elementos perceptíveis pelos sentidos. Assim vemos como certas vibrações convertem-se em sons e criam notas musicais. E como determinadas iluminações combinam-se em tonalidades sobre distintas superfícies e formas, criando a obra pictórica.

Desde os tempos remotos, o homem buscou a forma de expressar suas inquietudes mediante manifestações artísticas. Essas obras de arte servem-nos hoje como ferramentas para entender a mentalidade do ser humano daqueles tempos, assim como para apreciar a evolução da própria expressão artística. As pinturas rupestres de Altamira (Santander) ou do Barranc de Valltorta (Castellon) mostram-nos que na época como hoje conhecemos como a pré-história, o ser humano não só desenvolveu um culto pela natureza, uma destacada habilidade para representar as formas animais, mas que a própria criação artística era um ato religioso e mágico, uma forma de contatar e invocar a proteção e a ajuda do mundo espiritual e das potências superiores. E também uma forma de dar graças a essas potências pelos favores recebidos. Logo, ao passar do tempo, as expressões artísticas tomaram finalmente um caminho duplo, algumas vezes espiritual e outras, utilitário, mais ligado à vida cotidiana do homem. Inclusive em suas expressões aparentemente mais profanas, a arte foi sempre um dos melhores meios com o qual o ser humano pode manifestar a realidade espiritual neste mundo.

A arte como essência do ser humano

Tem-se dito que a criação artística é uma função essencial do ser humano; arte e homem são inseparáveis. "Não há arte sem o homem, mas talvez, tampouco homem sem arte", disse René Huighe. Em sua evolução, o homem, para transmitir suas ideias e seus sentimentos, criou determinados códigos. Um desses códigos é a linguagem articulada, com o que podemos comunicar experiências e conceitos. Outro é a linguagem matemática, que permite medir as dimensões da realidade material. E a outra é a artística. Além de uma forma de conhecimento igual à ciência e à religião, as quais permitem o acesso a diferentes esferas do universo, a arte é também uma linguagem, um meio de comunicação com o que o artista pode expressar em imagens sua realidade interior. Estas imagens podem representar sentimentos, alegrias, angústias, esperança, sonhos ou qualquer emoção, por complexa que seja ela.

Ao contrário do que muitos pensam, a arte está longe de ser uma atividade trivial, um mero apêndice ornamental das funções essenciais do homem. De fato o impulso artístico é identificável com a força vital, criativa e criadora. Isso a converte num instrumento chave para o conhecimento da realidade e muito especialmente das realidades ocultas e transcendentes.

O verdadeiro artista não se limita à representação do que nos conduziria a uma arte que seria um simples espelho do mundo, mas que transforma os dados da natureza e os faz resplandecerem numa ordenação diferente. Como o microscópio, a obra de arte descobre ao olho humano aspectos ocultos, mas estes diferentemente dos físicos não existiam antes do seu conhecimento, mas que começam a existir precisamente graças ao trabalho do artista. O autor de uma obra de arte não é um descobridor, mas, um criador. Por isso, dizemos descobrimento científico e criação artística.

Capacidade de sublimação da obra de arte

A grandeza de uma verdadeira obra de arte nos dá a capacidade de sublimação. No momento em que a contemplação eleva o espectador acima das dimensões do seu próprio eu está vivendo uma experiência similar, em muitos aspectos, à experiência mística. Ante uma criação artística, o ser humano supera suas dimensões temporais e coloca-se numa espécie de atalaia intemporal. Acima das fronteiras do espaço e do tempo a arte se nos mostra como uma linguagem universal em que se expressam as dimensões eternas do espírito humano. Numa das mais emotivas mensagens sobre o valor da arte e da beleza, o Papa João Paulo II dirigiu-se aos participantes do Jubileu dos Artistas, celebrado na comemoração do aniversário de Frei Angélico, dizendo-nos: "A arte é um caminho para Deus". A missão do artista é lançar luz sobre as trevas do coração humano, disse Schumann. De sua parte, Kandinski, no seu ensaio, "De lo Espiritual en el Arte", disse-nos que a arte é uma forma de expressão das forças psíquicas, que condicionam inclusive o fenômeno da religião e das cambiantes ideologias. Cada quadro encerra misteriosamente toda uma vida com muitos sofrimentos, muitas dúvidas, muitas horas de entusiasmo e de luz, sendo a intuição inata do artista, uma espécie de talento evangélico que não se deve enterrar.

O processo criativo das artes é um processo espiritual e acha-se relacionado com os sentimentos sublimes que o homem possui desde sempre e também com aqueles que, em alguma medida, lograram desenvolver-se. Requer-se uma relação muito estreita com o espiritual para se chegar a produzir verdadeiras obras de arte.

A arte como Novo Parnaso

Os deuses e as musas há muito que não se reúnem nem dançam no Monte Parnaso, atualmente convertido em destino turístico, parque natural e santuário protegido para diversas aves. Os mármores do Templo de Delfos estão rotos e enterrados sob as ruínas, suas fontes secas, seus tesouros saqueados e a última das suas pitonisas, desaparecida faz já muitos séculos. Mas, toda a magia do Parnaso continua viva no coração do artista. As musas e os deuses seguiram habitando nele e manifestam-se externamente em suas obras. Observe as pinturas reproduzidas nas cartas que acompanham este livro. Talvez sinta que algumas delas parecem conectá-lo diretamente com uma dimensão interior. Sem dúvida, percebe sua beleza. Talvez alguma o atraia de forma especial. Para dar corpo a este oráculo pictórico escolheram uma série de obras de diversos artistas, alguns pertencentes ao movimento pré-rafael e outros destacados expoentes do neoclassicismo e do classicismo acadêmico. Submetemos humildemente essas imagens à benevolência de Apolo, personificação do Sol, deus da beleza, da razão, da luz, da cura e das artes divinatórias. Também à de Geia ou Gaia, nossa mãe, deusa da terra, sustentadora e regeneradora de tudo quanto existe. Desde aqui pedimos sua ajuda e sua proteção para todos os que utilizem devidamente este oráculo.

COMO UTILIZAR O NOVO ORÁCULO DE DELFOS

A verdade é que alguém mesmo com suas crenças, seus pensamentos, suas palavras e seus atos, vai forjando seu próprio destino. Algumas vezes somos conscientes disto, mas quase sempre ocorre de uma forma que os passa totalmente despercebida. O amanhã não vai trazer à sua vida nada que já não tenha à sua disposição hoje. Com frequência, pensamos que nossa "verdadeira vida" começará uma vez tendo logrado isso ou aquilo. Pensamos que quando terminarmos a carreira, tudo será distinto, ou talvez, quando conseguirmos um trabalho melhor, quando nos mudarmos para outra cidade, quando nos casarmos, quando nos divorciarmos, quando herdarmos ou quando nos jubilarmos. Mas não é assim. O certo é que só o momento presente é real. E este preciso momento contém toda a magia e todo o mistério. Contém tudo o que você é na realidade. Tudo quanto existe. Devemos deixar já de correr de um lado para outro. Por favor, detenha-se e olhe para seu interior. Entre apreciar o incomensurável valor do precioso momento que está vivendo. Nele está tudo. O que é hoje? Quem é hoje? Que tarefa tem ante si? Essa tarefa é uma parte do seu caminho para a perfeição. E esse andar para a perfeição é a vida mesma e ocorre agora, neste preciso momento. Não é algo futuro.

Sem nunca perder isto de vista, *O Novo Oráculo de Delfos* pode ser uma ajuda de grande valor prático na hora de tomar decisões, incrementar seu nível de consciência ou guiar-se a si mesmo e aos demais num momento chave. Pode ser utilizado com êxito para achar as respostas às questões práticas e mundanas, mas sua utilização mais proveitosa é como guia para o desenvolvimento da intuição, o que, por sua vez, nos levará ao desenvolvimento espiritual. Deve ser abordado com respeito e com uma mentalidade aberta. Assim como ocorre com o Tarô, alguns opinam que para lograr um bom rendimento é necessário magnetizar as cartas durante certo tempo. Para isso é bastante tê-las próximas. Podem ficar alguns dias na gaveta da mesa de trabalho ou também, na mesinha da noite, enquanto a pessoa está dormindo. Esta proximidade física com o maço do Oráculo gera uma magnetização das cartas. Outros opinam que, para este mesmo fim, quando possível, é bom levar durante algum tempo as cartas no bolso do colete ou dormir com elas. Mas, como funciona *O Novo Oráculo de Delfos*?

Como é possível que algumas simples imagens reproduzidas em folhas de cartolina me digam o futuro ou me aconselhem sobre algo que eu conscientemente não sou capaz de averiguar? A questão é que mais além da mente consciente, que é a que está utilizando para ler estas linhas e que todos nós habitualmente usamos em nossos afazeres diários, há uma parte de nós mesmos da qual não nos costumamos precatar e que se acostumou chamar de mente subconsciente. Conforme afirmam distintas correntes filosóficas, essa mente subconsciente sabe de tudo, conhece tudo e portanto pode predizer tudo. O tempo e o espaço não têm sobre ela o mesmo rígido domínio que exercem sobre nosso corpo ou sobre nossa mente consciente. Conforme o psicólogo suíço, Karl Gustav Jung, a mente subconsciente está em contato permanente com o subconsciente coletivo: um vasto depósito onde se acumulam todos os conhecimentos, toda a sabedoria e todas as experiências da humanidade, desde os primeiros povoadores desta terra, até nossos dias.

As imagens de *O Novo Oráculo de Delfos*, procedentes de obras-primas da pintura, são muito eficazes para vir à superfície e trazerem à consciência conhecimentos a que usualmente não temos acesso, pois, nós, seres humanos, fomos construídos de forma que entre a mente consciente e a subconsciente existe uma barreira bastante difícil de franquear, e o tipo de vida ocidental, totalmente voltado para o exterior e que despreza os tênues sinais que usualmente nos chegam do lado subconsciente (em forma de sonhos, premonições, intuições, sinais etc.) não fez senão reforçar intimamente tal barreira. Os verdadeiros artistas, assim como os místicos de todos os tempos, ou os xamãs das culturas indígenas, encontram-se entre os indivíduos que, às vezes, podem saltar essa barreira que separa a mente consciente da subconsciente ou, pelo menos, podem vislumbrar através dela.

Não obstante, o fato é que em todos nós esses conhecimentos subconscientes estão aí, muitas vezes se diria, que prontos para sair, tão só, à espera que aquietemos a mente consciente, nos apartemos por um momento do ruído mundano e miremos, ainda que seja timidamente, para o nosso interior. O Oráculo é um instrumento muito útil para facilitar o afloramento de tais conhecimentos. Assim, parece que a mente subconsciente influi, sem darmos conta, nos movimentos de embaralhar, cortar e escolher as cartas, de modo que ao serem elas descobertas, tenham uma relação muito direta com o assunto que se queira consultar. Com respeito ao tipo de conhecimento que *O Novo Oráculo de Delfos* nos trará do subconsciente, somos nós que o decidimos.

O que se pode perguntar? Qualquer coisa, mas o tipo de pergunta que alguém faz é muito importante para determinar a resposta que *O Novo Oráculo de Delfos* nos dará. A precisão da resposta está em função da exatidão da pergunta. Quanto mais precisa seja a pergunta, mais precisa será a resposta. Se a sua pergunta é vaga e geral, a resposta também o será; se a pergunta tem muitos detalhes, pode esperar uma resposta muito detalhada.

Na verdade, também é importante que no momento em que formule a pergunta, sua mente esteja centrada. Se está nervoso e ansioso, ainda que esses sentimentos não tenham nada a ver com a pergunta, as cartas de *O Novo Oráculo de Delfos* lhe darão uma resposta sobressaltada e errática, que será difícil interpretar. É bom ter a mente tranquila. Tudo o que tem a fazer é deixar de lado suas preocupações durante um momento, acalmar a mente, observar tranquilamente a respiração sem pensar em nada... e logo perguntar.

Para adquirir prática no uso do Oráculo como instrumento divinatório pode-se começar realizando as simples tiradas que se detalham mais adiante, ou qualquer outra que você mesmo possa inventar. Para começar, há que se observar o significado de cada carta, uma a uma, anotando os detalhes da tirada e da colocação de cada arcano dentro da mesma. Pode-se começar realizando tiradas simples para amigos ausentes ou para si mesmo. De início, é bom ter em conta que está desenvolvendo sua habilidade com um instrumento novo, pelo que os resultados não devem ser tomados demasiado a sério. Não é aconselhável realizar constantemente tiradas para si mesmo. O Oráculo deverá ser usado com prudência, pois, do contrário, sua eficácia dilui-se e logo deixará de mostrar um reflexo fiel da situação.

O Novo Oráculo de Delfos está estruturado de um modo muito semelhante ao clássico baralho do Tarô, ainda que seus arcanos sejam, na maioria dos casos, totalmente distintos. As 78 cartas ou arcanos que constituem o Oráculo são os seguintes:

- Aquário
- Almas Gêmeas
- Amor Familiar
- Amor Fugaz
- Amor Sensual
- Amor Singular
- Bem-Aventurança
- O Amor à Espreita
- O Anjo da Bondade
- A Arte
- O Bem-estar Material
- O Descanso
- O Despertar
- O Duelo
- O Fruto Maduro
- O Guia
- O Impulso Inicial
- O Inferno
- O Juízo
- O Presente
- O Romance
- O Trabalho Vão
- O Triunfo
- Em suas Mãos
- A Alegria
- A Beleza
- A Caridade
- A Cegueira
- A Coroação
- A Colheita
- A Curiosidade
- A Determinação
- A Escolha
- A Inveja
- A Esperança
- A Estrela
- A Felicidade
- A Feiticeira
- A Indecisão
- A Indiscrição
- A Inocência
- A Inquietude
- A Inspiração
- A Intuição
- A Liberação
- A Lua
- A Mãe
- A Malícia
- A Melancolia
- A Missiva
- A Modéstia
- A Nostalgia
- A Ociosidade
- A Paz
- A Reconciliação
- A Reflexão
- A Responsabilidade
- A Sinceridade
- A Solidão
- A Tempestade
- A Tentação
- A Timidez
- A Tranquilidade
- A Tristeza

- A Vaidade
- A Verdade Nua
- A Difícil Lição
- Os Sonhos
- Mensagem Importante
- Múltiplos Amores
- Música Celestial
- Dores de Amor
- Perspectiva
- Proteção Angélical
- Saciar a Sede
- Tímido Amor
- Um Passatempo
- Proteção

A interpretação de cada um dos arcanos considerados individualmente não oferece a mínima dificuldade, nem requer aprendizagem, nem esforço de nenhum tipo, pois sua própria denominação já transmite a informação necessária. Uma leitura dos breves textos referentes a cada uma das cartas o ajudará também a sintonizar-se com o Oráculo.

Antes de começar é conveniente que realize um pequeno relaxamento e como já disse, libere-se dos pensamentos que estejam ocupando sua mente. O ideal seria frear totalmente o diálogo interior e centrar-se no que está fazendo, abandonando qualquer pensamento alheio a isto. Não é bom ler o Oráculo estando distraído, aborrecido ou sentindo-se mal fisicamente. Qualquer coisa que colabore em gerar um ambiente de paz e tranquilidade terá um efeito positivo e ajudará a criar o estado anímico adequado. Incenso, luz tênue, música agradável e suave, uma vela acesa, um vaso de cristal transparente com água e qualquer outra ajuda que contribua a relaxar-se e dar-lhe segurança é bom e aconselhável. Se se sente inclinado a realizar uma pequena oração, pedindo ajuda, é o momento de fazê-la. Finalmente, se deve levar em conta que o Oráculo nunca mostra um destino inevitável, senão um presente-futuro que se desenvolverá de uma forma ou outra, dependendo de qual seja sua atuação.

Como proceder

Assim como se faz com o Tarô, se deverá começar embaralhando as cartas e logo cortá-las. Não existem normas fixas sobre o número de vezes que deverão ser embaralhadas, nem sobre a forma nem o número de cortes. Muitos preferem que o consulente realize três cortes com a mão esquerda e que ponha os três montinhos em forma de cruz. A seguir pode-se realizar a tirada com as cartas do montinho superior ou se podem unir de novo os três montinhos em diferente ordem e utilizar as primeiras ou as últimas cartas do maço para a tirada. Deixar-se levar pela intuição para identificar qual é a melhor forma de proceder é melhor do que seguir qualquer tipo de ritual fixo. Seguem alguns tipos de tiradas muito úteis e simples, similares às utilizadas nas leituras de Tarô.

A forma mais simples

Algumas vezes, uma simples carta pode dar-nos já a informação que necessitamos. Esta seria a tirada mais simples, a mais rápida e também a mais fácil de interpretar. Este tipo de tirada costuma funcionar muito bem quando buscamos uma guia rápida e unidirecional. Uma forma muito adequada de escolher a carta que nos dará o resultado é, depois de ter feito a pergunta mentalmente com a maior clareza possível e após haver embaralhado e cortado, estender todo o maço sobre a mesa, em forma de semicírculo com as cartas voltadas para baixo. Em seguida, se passará lentamente a mão direita (os canhotos, a esquerda) sobre as cartas, mas sem chegar a tocá-las. No momento em que sua mão passar sobre a carta que deverá pegar, sentirá algum tipo de sensação física (usualmente um ligeiro calor).

Esta sensação (alguns podem sentir uma espécie de formigamento ou uma ligeira picada) nos indicará a carta que deve ser levantada. As pessoas sensíveis que distinguem com certa clareza a mencionada sensação indicadora da carta que devem pegar, podem aplicar este sistema a qualquer das tiradas mais complexas, escolhendo deste modo, uma carta após a outra, até completar todas as que conformem a tirada em questão.

A tirada de três cartas

Sua estrutura é muito simples, esta é a disposição das cartas:

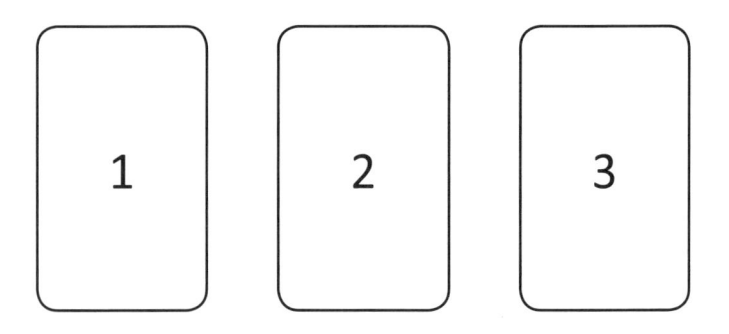

| 1 | 2 | 3 |

A carta 1 indica a situação atual, a carta 2 representa as ações que talvez deva realizar e que se oferecem à sua consideração e a 3 mostra-lhe os resultados que pode esperar, se realizar as ações aconselhadas.

Inicialmente, esta simples estrutura era a única que se utilizava para interpretar o Oráculo, ainda que pudesse ser reforçada, utilizando em vez de três, nove cartas, as quais se dividiam em três grupos, de forma que o primeiro grupo de três cartas indica a situação presente e os antecedentes. O grupo central refere-se às ações que se devem realizar e o terceiro grupo de três cartas mostra os resultados que se obterão.

O fato de utilizar três cartas em lugar de uma acrescenta maior riqueza e muito mais possibilidades de interpretação.

Esta tirada de três cartas pode também ser interpretada ao estilo do I Ching. Neste caso, as cartas seriam lidas como se fosse um pensamento continuado. A primeira representa o tema principal e cada uma das seguintes vai acrescentando detalhes. Além de que, podem seguir sacando outras cartas, até que se esteja satisfeito com a informação obtida.

Qualquer tipo de tirada das que se utilizam comumente no Tarô pode ser usada para interpretar *O Novo Oráculo de Delfos*. As seguintes são algumas das mais usuais.

A cruz de cinco cartas

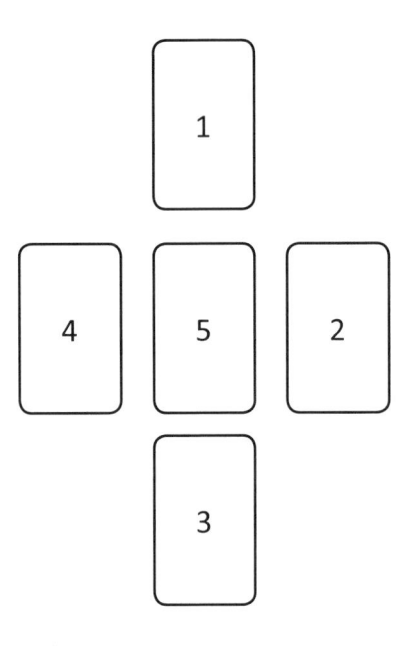

```
        ┌───┐
        │ 1 │
        └───┘
┌───┐ ┌───┐ ┌───┐
│ 4 │ │ 5 │ │ 2 │
└───┘ └───┘ └───┘
        ┌───┐
        │ 3 │
        └───┘
```

Esta é uma das interpretações mais comuns:

Carta 1: Antecedentes da pergunta. Os motivos ou as inquietudes que impeliram o consulente a realizar a pergunta.

Carta 2: O que favorece ou prejudica. Os obstáculos, barreiras, dificuldades que possam apresentar-se ou, então, a ajuda, o apoio que facilitará para que tudo siga adiante.

Carta 3: O já realizado. As ações e trabalhos já bem finalizados que servirão de base e de fundamento ao que agora se pretende realizar.

Carta 4: A resposta à pergunta delineada. O resultado que se conseguirá ao seguirem os passos aconselhados.

Carta 5: Resumo ou síntese. Esta carta unifica e sintetiza a informação dada pelas quatro anteriores.

A cruz mágica

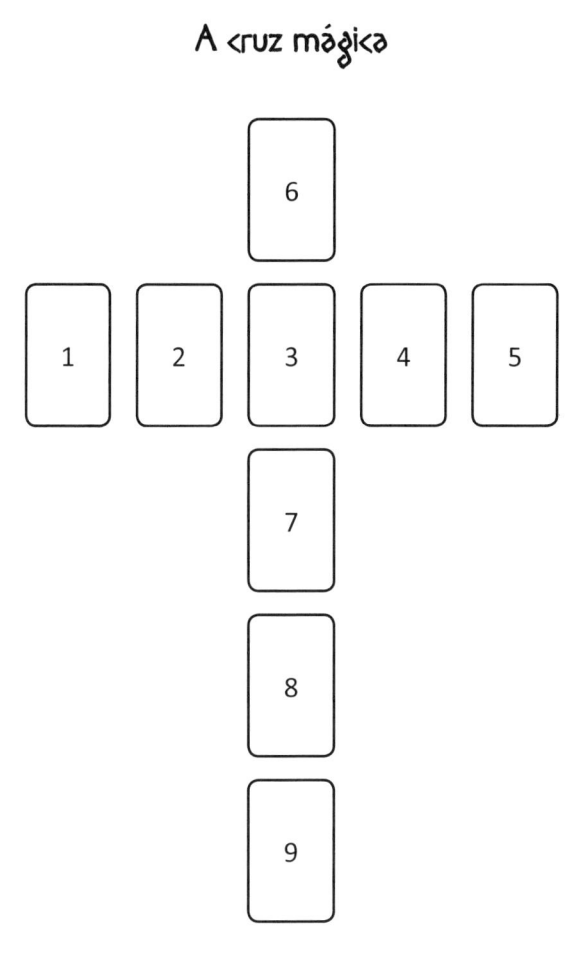

```
              ┌───┐
              │ 6 │
              └───┘
┌───┐ ┌───┐ ┌───┐ ┌───┐ ┌───┐
│ 1 │ │ 2 │ │ 3 │ │ 4 │ │ 5 │
└───┘ └───┘ └───┘ └───┘ └───┘
              ┌───┐
              │ 7 │
              └───┘
              ┌───┐
              │ 8 │
              └───┘
              ┌───┐
              │ 9 │
              └───┘
```

Cartas 1 e 2: O passado.

Carta 3: O presente.

Cartas 4 e 5: O que se opõe. As dificuldades, problemas e obstáculos que há ou que surgirão.

Carta 6: O que se espera. As esperanças, expectativas e desejos da pessoa relacionados com a consulta formulada.

Carta 7, 8 e 9: O futuro. A situação a que se chegará ao realizarem as ações aconselhadas. Fig. P. 39.

Tirada para analisar uma relação

```
            ┌───┐
            │ 9 │
            └───┘

┌───┐   ┌───┐   ┌───┐   ┌───┐
│ 5 │   │ 6 │   │ 7 │   │ 8 │
└───┘   └───┘   └───┘   └───┘

            ┌───┐
            │ 4 │
            └───┘

            ┌───┐
            │ 3 │
            └───┘

            ┌───┐
            │ 2 │
            └───┘

            ┌───┐
            │ 1 │
            └───┘
```

Carta 1: Como o consulente vê a outra pessoa.

Carta 2: Como a outra pessoa vê o consulente.

Carta 3: O que o consulente necessita.

Carta 4: O que a outra pessoa necessita.

Carta 5: Em que ponto se encontra neste momento a relação.

Carta 6: Como deseja o consulente que evolua a relação.

Carta 7: Como a outra pessoa deseja que evolua relação.

Carta 8: Fatores e circunstâncias necessárias a serem consideradas.

Carta 9: Resultado final uma vez seguidas as indicações e os conselhos recebidos na leitura.

Tirada para pedir conselho acerca de realizar ou não uma ação

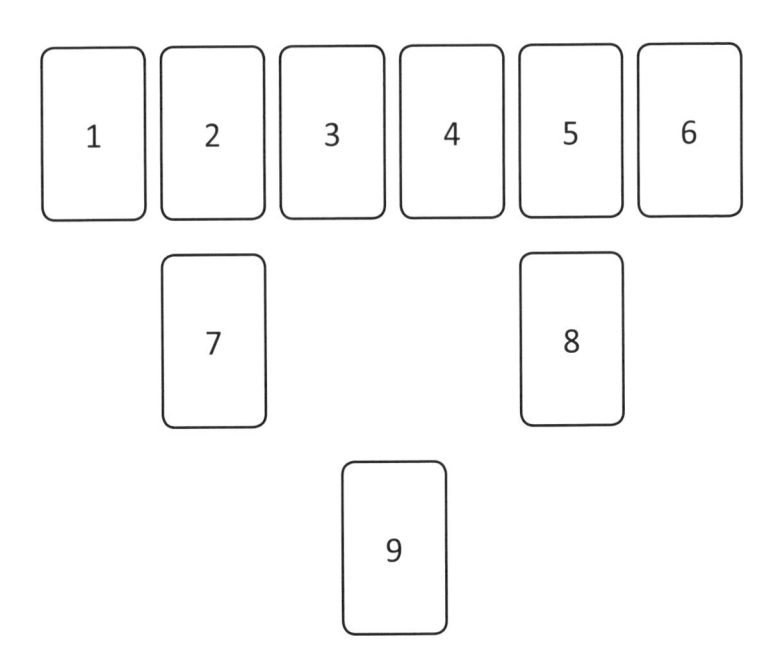

```
[1] [2] [3] [4] [5] [6]

  [7]         [8]

        [9]
```

Cartas 1, 2 e 3: O que ocorrerá se a pessoa fizer o que pensa?

Cartas 4, 5 e 6: O que ocorrerá se mantiver as coisas tal como estão agora?

Carta 7: Resultado que obterá o consulente se fizer o que pensa fazer.

Carta 8: Resultado que logrará se mantiver as coisas tal como estão.

Carta 9: Algo importante que o consulente deve saber antes de tomar uma decisão.

Tirada acerca de uma relação

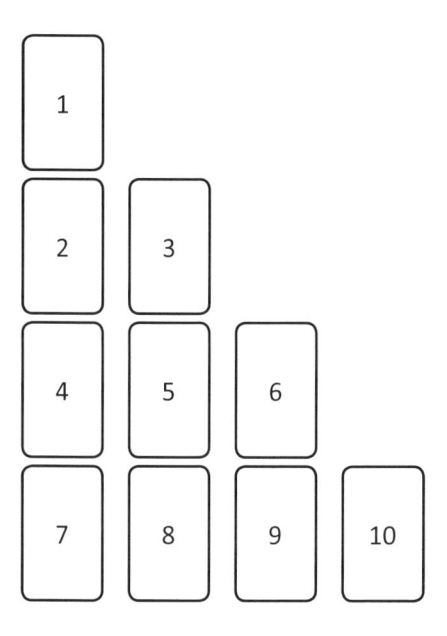

```
    [1]
    [2] [3]
    [4] [5] [6]
    [7] [8] [9] [10]
```

Carta 1: História já passada da relação.

Carta 2: Experiência já passada do consulente nessa relação.

Carta 3: Experiência da outra pessoa nessa relação.

Carta 4: Experiência presente da pessoa na relação.

Carta 5: Experiência presente da outra pessoa na relação.

Carta 6: Estado da relação no momento presente.

Carta 7: O que o consulente pode experimentar no futuro nessa relação.

Carta 8: O que a outra pessoa pode experimentar no futuro nessa relação.

Carta 9: Até onde vai agora essa relação.

Carta 10: Resultado do que pode ocorrer no futuro com esta relação.

Tirada acerca de uma relação já concluída

```
    [1]                    [6]

          [2]  [7]

             [3]

          [8]  [4]

    [9]                    [5]
```

Carta 1: História já passada da relação.

Carta 2: Em que ponto está a pessoa nesse momento.

Carta 3: Em que ponto se acha seu ex nesse momento.

Carta 4: O que sente de fato o consulente acerca de regressar com seu ex.

Carta 5: Que sente seu ex ante a ideia de regressar com o consulente.

Carta 6: O que ou quem se opõe a que ele, o consulente, realize o que deseja.

Carta 7: O que ou quem pode ajudar a que o consulente logre o que deseja.

Carta 8: Algo que o consulente deve saber acerca da situação.

Carta 9: Resultado que se logrará ao se realizarem as ações aconselhadas.

Tirada acerca de um objeto perdido

Carta 1: O objeto que se perdeu.
Carta 2: Algo que a pessoa deve saber em relação a essa perda.
Carta 3 e 4: Onde se deve iniciar a busca.
Carta 5: O que ou quem pode servir de ajuda.
Carta 6 e 7: Fatores que se devem ter em conta na busca.
Carta 8 e 10: Resultado.

Combinação dos significados

A única maneira de aprender a interpretar uma carta em relação com outras é a prática, desejando-se sempre levar pela intuição. As simples pautas que seguem podem ajudar:

- Observar sempre a sequência do assunto ou da situação.
- Observar atentamente a imagem reproduzida na carta, sem pensar em nada concreto, tão só desejando que aflorem à sua consciência as ideias que a pintura evocar.
- Se resulta que uma carta parece não ter sentido, tire outra carta ou outras duas pedindo esclarecimento. Se, apesar dessas duas cartas adicionais não trouxer o sentido, siga até o final e logo faça nova leitura para o mesmo assunto.
- Se no curso de uma leitura lhe vem à mente um significado especial para uma carta em particular ou para uma combinação concreta de duas ou mais cartas, desde esse momento deverá utilizar o significado que lhe veio à mente, anotando-o em seu diário. Por exemplo, é possível que encontre certa semelhança física entre a figura que aparece num dos arcanos e uma pessoa concreta; nesse caso, seria apropriado considerar a dita carta indicadora da pessoa em questão. Noutras ocasiões, talvez, a semelhança não seja com uma pessoa conhecida, mas com um lugar, ou com uma situação determinada.

Lembre-se de que o Oráculo não é outra coisa senão um instrumento, um meio para nos ajudar a que os conhecimentos existentes no subconsciente saiam à luz do dia. Quer seja que utilize *O Novo Oráculo de Delfos* para meditação, para adivinhação ou ajuda para o crescimento espiritual, procure sempre estar muito atento aos sinais e indícios que sem dúvida chegarão do seu interior. Esse conhecimento direto é o único verdadeiro e real.

OS ARCANOS

AQUÁRIO

O significado dessa carta corresponde quase exatamente ao do signo astrológico Aquário. Pessoa com interesses múltiplos, para quem a amizade é o supremo e que se guia por ideais excepcionalmente elevados. Possivelmente, leva uma vida de mudança, controvérsia e sucessos inesperados. Possui uma mente analítica e lhe fascinam os últimos descobrimentos da técnica e da ciência. Em muitos aspectos é o verdadeiro homem do futuro, sempre disposto a prestar serviço aos demais. Não lhe preocupa demasiado sua individualidade, mas quer conservar sua independência. É dono de uma grande curiosidade intelectual e está sempre orientado para o universal, para o coletivo. Preferirá sempre o original e o novo antes que o convencional e os caminhos comuns. Pode criar, inventar e revolucionar. É um ser cerebral, muito dotado intelectualmente. As coisas lhe sucedem de forma inesperada. Não é em absoluto possessivo. Costuma ser sincero e franco, o que, às vezes, pode fazê-lo parecer sem compaixão. A aparição desta carta pode se referir a uma pessoa do signo de Aquário ou que encarne, em certa medida, as características descritas.

Interpretação: Amizade acima de tudo, modernidade, desprendimento, ciência de vanguarda, tecnologia futurista, amor fraternal entre todos os seres humanos. Os Aquarianos são seres aos quais a rotina asfixia-os, buscam a mudança e não se prendem em absoluto às tradições.

ALMAS GÊMEAS

A pintura deste arcano é o quadro reproduzido de William Bouguereau, L'Amour et Psyche, enfants (Cupido e Psique, crianças). Nesse quadro, representam-se os amantes na infância, indicando com isso que a atração de Cupido por Psique não é apenas física; eles são almas gêmeas que se completam por toda a eternidade. A aparição desta carta vem indicar que, no motivo consultado ou bem no futuro próximo do consulente, duas almas gêmeas vão desempenhar um papel relevante. Dois seres que são feitos um para o outro. Pode referir-se a um ser que é precisamente a alma gêmea do consulente. Se a consulta tem a ver com uma indecisão de tipo amoroso, a aparição dessa carta constitui a mais definitiva das respostas.

Interpretação: Metade da laranja. União predestinada.

AMOR FAMILIAR

A mão da vida fez-te crescer junto a alguns seres que tinham de aprender algo de você e dos quais você, por tua vez, deve extrair algum ensinamento. Dê graças por isso. As relações familiares nem sempre são fáceis. Essa carta vem recordar de que o amor da família sempre está aí, ainda que muitas vezes seja algo que damos por feito, sem lhe conceder valor algum. Chegou o momento de contar com a família e de mostrar a eles o seu amor.

Interpretação: Relação com pais, filhos, irmãos e qualquer outro membro da família.

AMOR FUGAZ

Quando o amor se vai, de nada serve correr atrás dele. Quer apanhá-lo é como pretender apanhar a água com uma cesta. O amor é um pássaro de mil cores. Permaneça tranquilo e talvez se ponha novamente junto a si. Se o agita, apenas logrará afugentá-lo ainda mais. Não se lhe pode forçar. Quando sinta que o amor se lhe escapa, concentre-se naquilo que está fazendo, qualquer coisa que seja. Repense sua atitude para averiguar o que fez errado, a fim de poder corrigir, se é que todavia, esteja ainda em tempo. Se já é demasiado tarde, permaneça tranquilo e reconheça intimamente seu erro. A vida nos surpreende. Quem sabe, todavia, o que nos prepara o destino?

Interpretação: É um esboço de algo que requererá trabalho, esforço e circunstâncias favoráveis para que se possa desenvolver. Pode também se referir a algo que não tenha a ver diretamente com a vida amorosa. Pode ser um trabalho apenas esboçado, um projeto, uma amizade ou um negócio. O resto das cartas e o contexto da tirada irá dizê-lo.

AMOR SENSUAL

  Essa carta anuncia-lhe uma relação marcada pela atração física e sensual. Não se trata de algo essencialmente mau ou negativo, sempre que coexista com outras afinidades mais profundas e duradouras. O sensual é externo e efêmero. É um aliciante formoso, agradável e prazeroso, mas basear uma relação exclusivamente nisso é como construir um edifício sobre areias movediças. Estão às suas portas uma relação com um notável componente desse tipo. O conselho do Oráculo é que trate de encontrar nela motivos mais sólidos, se realmente quiser que perdure.

  Interpretação: Romance passageiro. Infidelidade. Frivolidade. Sedução. Devaneios. Paquera.

AMOR SINGULAR

Muitas vezes se disse que o amor é cego, que não conhece fronteiras, que não tem idade. Certamente assim é e essa carta vem preveni-lo de que logo chegará à sua vida um amor que talvez não se ajuste totalmente ao convencional. Talvez seja conveniente usar certa discrição. Não há necessidade de escandalizar, isso só lhe pode acarrear problemas. Poderia também ser que dito amor pouco convencional não o afetasse diretamente, mas a alguém muito chegado. De novo, a prudência é o aconselhável.

Interpretação: Situação à beira do impossível. Amizade muito pitoresca, com grande diferença de idade ou que incide alguma circunstância que será muito difícil de prosperar.

BEM-AVENTURANÇA

  A verdadeira felicidade nunca é consequência de algo externo. A aparição desta carta vem lhe mostrar que, independentemente de quais sejam suas circunstâncias exteriores, tem a qualquer momento ao seu alcance a maior paz e felicidade do mundo. Busque em seu interior. Dedique cada dia alguns momentos para estar a sós consigo. Aquiete a mente e observe sua respiração. É tudo o que deve fazer. Tente não pensar em nada. Sem dúvida lhe virão pensamentos; observe-os e deixe-os ir. A Divindade, qualquer que seja a ideia que tenha Dela e qualquer que seja o nome que lhe dê, não é algo distante no tempo ou no espaço. Não está fora de si.

  Interpretação: Prosperidade, ventura, sorte, fortuna, felicidade, auge, bonança.

AMOR À ESPREITA

O amor o está vigiando. Lembre-se, porém, o amor é algo sagrado. "Assim como o coroa, assim o sacrifica. Assim como o faz crescer, do mesmo modo, poda-o. Assim como acende ao mais alto e acaricia seus mais tenros ramos, do mesmo modo, descerá até suas raízes e as sacudirá do seu abraço com a terra. Como o trigo em feixes ele o une a si mesmo, desgarra-o para desnudá-lo. Cerne-o para livrá-lo das suas coberturas. Pulverize-o até tornar-se branco. Amasse-o até que esteja flexível e dócil. E destine-o logo a seu fogo sagrado, para que possa convertê-lo em sagrado pão, para a festa sagrada de Deus. Tudo isso fará o amor em si para que possa conhecer os segredos do seu coração e convertê-lo, por esse conhecimento, num fragmento do coração da Vida".

Interpretação: Esperança, ilusão, o amor às portas.

O ANJO DA BONDADE

    Nos piores momentos da vida, quando pensamos que já não há ajuda possível, sempre temos um anjo ao nosso lado. Ele nos dá a mão, consola-nos e faz-nos andar. Sua bela energia luminosa aparece quando estamos totalmente perdidos, quando nosso peito afoga-se e quando tudo é desalento e escuridão. Em meio à tristeza não vemos a saída. Não obstante, de repente, numa manhã tudo parece um pouco mais luminoso. A dor vai, pouco a pouco, desaparecendo. Os medos abandonam a alma e a vida, como um rio suave começa a fluir de novo. Esta carta vem anunciar uma presença angelical e bondosa em sua vida. Aproveite-a, pois é um grande privilégio que se lhe foi concedido.

    Interpretação: Proteção, ajuda, guia, luz, amor.

A ARTE

A expressão artística em suas múltiplas formas é uma das atividades mais engrandecedoras e prazerosas que o ser humano pode desenvolver. A música, a pintura, o teatro, a literatura ou qualquer atividade artística, independentemente da maestria e da perícia que a pessoa tenha logrado em sua execução (ou dos conhecimentos artísticos se se trata de contemplação) produzem uma satisfação íntima e uma elevação espiritual totalmente genuínas. Esta carta vem anunciar um encontro com a arte. Pode ser a dedicação ou o início de alguma atividade de tipo artístico ou pode sinalizar também um próximo encontro ou o início de uma relação singular com uma pessoa dedicada especialmente à arte.

Interpretação: Encontro com artistas, inspiração, sutileza, finura, prazer, satisfação pelo trabalho feito.

O BEM-ESTAR MATERIAL

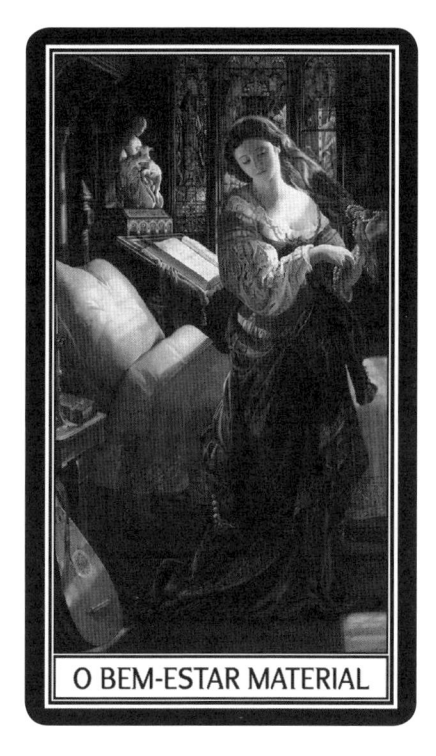

A aparição desta carta sinaliza uma época de estabilidade econômica e abundância material que a vida pôs a nosso cuidado sem nos converter em escravos seus. As épocas de paz e abundância material, como a que sugere a imagem reproduzida nesta carta, vêm a ser como um descanso no caminho. Não há nada de mau em desfrutar desses bons momentos sempre que não nos levem a perder de vista o essencial. Lembre-se de que antes ou após deverá desprender-se de tudo quanto possui e quanto maior seja seu apego às coisas materiais, maior será a dor quando deva separar-se delas.

Interpretação: Prosperidade, dinheiro, bonança, sorte, tranquilidade econômica.

O DESCANSO

O descanso é uma necessidade. Na religião judia o descanso semanal é um preceito de cumprimento obrigatório. O fato de realizar um corte nas atividades normais permite ao subconsciente captar tudo, desde uma certa perspectiva, e possibilita o surgimento de novas ideias que não seria possível aparecerem se a mente tivesse permanecido todo o tempo ocupada nos mil detalhes do labor diário. Esta carta vem dizer que se realmente lhe interessa aquilo que está fazendo, qualquer coisa que seja, deve fazer um descanso. Seu corpo, sua mente e seu espírito agradecer-lhe-ão por isso.

Interpretação: Paz, harmonia, sossego, progresso no caminho.

O DESPERTAR

O anjo está tocando a trombeta com o fim de despertar sua consciência. Todos estamos adormecidos, mas um bom dia, quando menos o esperamos, chega-nos o momento de progredir espiritualmente, e nosso anjo, após fazer soar sua música em nossos ouvidos, conduz-nos pelo caminho da evolução. Então, a bandagem que cobria nossos olhos cairá e a tranquilidade e a paz infinita brotarão em nosso interior. Com o despertar sairemos do sonho que nos manteve em letargia durante muito tempo. Descobriremos que o que considerávamos realidade é ilusão e veremos cara a cara nossa realidade e a realidade do mundo.

A aparição desta carta pode indicar a proximidade de um despertar de tipo espiritual, mas também a necessidade de que abra os olhos a fim de estar consciente e ser consciente de certos fatos que neste momento está ignorando.

Interpretação: Elevação. Sucessos imprevistos e inexplicáveis. Fenômenos paranormais. Paz interna. Felicidade.

O DUELO

Há momentos em que temos de enfrentar perdas reais e inesperadas. Nesses instantes sentimos o coração desgarrado e parece que tudo desabou a nosso redor. É importante viver plenamente essa dor. Não tentar afogá-la, pensando que ao ocupar a mente noutras coisas evitaremos sentir algo que não desejamos. Há que viver o duelo plenamente, visando deixá-lo para trás e seguir a própria vida. Esse duelo silencioso reaparecerá no momento e no lugar mais inoportuno, inclusive, em forma de enfermidades. Por isso, viva o seu duelo e respeite o dos demais. Esta carta nem sempre se referirá ao duelo causado pelo falecimento de uma pessoa próxima. Qualquer perda pode causar duelo e deverá atender devidamente a esse sentimento.

Interpretação: Pena, dor, lástima, aflição, sentimento, desconsolo, compaixão, tristeza.

O FRUTO MADURO

O "Eclesiastes" diz que tudo tem seu momento sob o céu. Há um tempo para cada coisa. Um tempo para nascer e outro para morrer, um tempo para semear e outro para colher o fruto. A mulher da pintura de Godward está contemplando um cacho de uvas e pensando se já seria o momento de apanhá-lo. Esta carta vem avisá-lo de que chegou o momento oportuno para realizar essa ação determinada acerca de que, tem-se perguntado a si mesmo, mais de uma vez no passado. O fruto já está maduro. É o momento de colhê-lo. Se deixar passar esse momento, talvez logo seja demasiado tarde.

Interpretação: Colheita, colher o fruto do trabalho. Prazer. Satisfação. Bonança econômica. Felicidade. Reconhecimento por parte dos demais.

O GUIA

Dizia Sócrates que todo ser humano tem um espírito que o acompanha, e sábio é aquele que obedece a seus sinais. E também é certo que nem sempre nos diz o que devemos fazer, mas nos avisa do que não devemos fazer. Esse espírito é nosso guia interior e suas indicações nunca são equivocadas. É muito alentador confiar nessa voz interior, pois ela nos confirma que nunca estamos sós. Não temos por que tomar alguma decisão solitariamente, nem empreender alguma ação incorreta. A relação com nosso guia interior dá-nos segurança e certeza. Todos podemos desenvolvê-la.

A presença dessa carta numa tirada pode aludir a seu guia interior, mas também a um guia externo, de carne e osso, a uma pessoa com conhecimentos que pode ajudá-lo e guiá-lo em alguma situação concreta, seja profissional ou pessoal.

Interpretação: Mestre. Preceptor espiritual. Seres incorpóreos de nível elevado. Anjo. Irmãos das Estrelas. Irmãos mais velhos. Mestres elevados.

O IMPULSO INICIAL

O afresco de Rafael mostra-nos um ser angelical que está conferindo ao universo o impulso de pô-lo em movimento, com todos os seus planetas, seus milhares de estrelas e suas galáxias. A aparição desta carta indica que neste momento se lhe está concedendo do Alto esse impulso, que pode dar vida àquilo que planejou ou que tem pensado pôr em andamento. As forças da natureza trabalharão a favor do seu projeto. Aproveite o momento.

Interpretação: Bom início. Momento propício. Abundância e riqueza. Bom augúrio.

O INFERNO

Essa pintura de William Bourguereau mostra-nos Dante e Virgílio em visita aos infernos, observando com assombro e tristeza o terrível sofrimento a que estão submetidos os que foram desterrados para o dito lugar. Na pintura, vemos o que parece uma peleja entre dois homens despidos, sendo um deles claramente o agressor. Ao fundo, um ser demoníaco revolteia satisfeito enquanto observa a cena. É evidente que esse arcano quer aludir a uma situação muito desagradável e muito difícil de suportar. Pode-se tratar tanto de uma situação sentimental quanto de um trabalho ou de relações entre seres humanos. Mas o que está claro é que a tal situação não foi causada por nenhuma desgraça, nem por nenhum desastre natural nem fortuito, mas que foi provocada por seres humanos.

Interpretação: Desarmonia, brigas, discórdias, mal entendidos, dissidência, desobediência, traições, maledicência, incômodos, repugnância, repulsa, aversão, contrariedades, decepções.

O JUÍZO

A imagem reproduzida neste afresco de Rafael Sancio apresenta-nos a conhecida cena do famoso juízo com que Salomão dirimiu o pleito existente entre duas mulheres que viviam juntas. Ambas haviam dado à luz cada qual dos filhos com três dias de diferença. Alguns dias depois, uma das crianças amanheceu morta. As duas mulheres reclamavam a criança viva, alegando que a morta era da outra. Salomão ordenou que se partisse a criança viva pela metade e em seguida fosse entregue meia criança a cada uma delas. Uma das mulheres gritou no momento: "Por favor, senhor, que deem a ela a criança viva, que não a cortem". Não obstante, disse a outra: "Que se faça como disse o rei. Que não seja nem para ti, nem para mim, que a dividam!" Em vista disso, Salomão sentenciou que se entregasse a criança à primeira mulher, pois ela era a verdadeira mãe. Quando o povo soube da sentença pronunciada por seu rei, assombrou-se com a sua grande sabedoria em fazer a justiça.

Essa carta tem duas possíveis interpretações: uma delas, a mais comum, refere-se a temas legais ou administrativos, julgamentos, problemas ou assuntos que devem ser solucionados perante órgãos oficiais, contratos ou documentos legais que seriam necessários firmar. O outro significado, totalmente distinto, refere-se à necessidade de tomar uma resolução tangente ou drástica ante algum assunto que se acha obstruído e para o qual não vai se encontrar solução, utilizando-se os meios usuais. Para poder destravá-lo será necessário recorrer a instrumentos de nível superior ao daquele em que se acha o próprio problema.

Interpretação: Mal-estar, preocupações, aflição, justiça, inquietudes.

O PRESENTE

Você vai receber um presente. Pode ser algo material, mas também algo intangível: uma dádiva, uma oportunidade, um encontro inesperado e prazeroso. Felicidades. E não se esqueça de dar graças. Se essa carta aparecer invertida, pode significar que o presente em questão não é totalmente desinteressado. De uma ou de outra forma, terá que pagar por ele. Nesse caso, cuidado. Mantenha os olhos muito abertos.

Interpretação: Chegada inesperada de dinheiro. Novas amizades. Uma dádiva de tipo espiritual. Um sucesso afortunado.

O ROMANCE

    Há romance às portas. Em seu famoso e belo quadro intitulado O rapto de Psique, Bouguereau capta o momento em que Psique, nos braços, finalmente do seu amado Cupido, ascende aos céus. Essa é também uma ocasião de elevação espiritual. O amor, que é alado, eleva consigo a mente. Tudo adquire qualidade, vibração mais viva e mais sutil. Viva profundamente a experiência. Mudando-se a si, mudará o mundo. O mundo de fora não é senão um reflexo de si mesmo, um reflexo do seu mundo interior. Sendo feliz, contribui à felicidade do mundo. Dê graças.

    Interpretação: Galanteio, carinho verdadeiro, ternura, sedução, noivado, namoro.

O TRABALHO VÃO

Esta carta deve ser interpretada tal qual um aviso. Há perigo de se ver envolvido em tarefas ou situações que lhe exigirão muito esforço ou dedicação, para finalmente resultarem estéreis. Seu resultado será nulo. Todos os seus trabalhos e seus esforços se perderão. Não se envolva em empreendimentos que não sejam totalmente claros. Nesta vida nada é ilimitado, incluindo seu tempo e suas faculdades; por isso tenha a diligência de utilizá-los de uma maneira sensata. É possível que, como no caso das Dánaides, o resultado falido da empresa ou do projeto em questão seja consequência de más ações anteriores. Se tenha participado dessas ações errôneas ou não, o melhor é se retirar. A aparição dessa carta indica-lhe que nada solucionará, insistindo em transitar pelos caminhos já trilhados. O melhor é começar algo novo. De nada serve jogar água num barril sem fundo. Nunca conseguirá enchê-lo. A imagem do quadro faz referência à lenda das Dâinaides.

Dânao e Egito eram irmãos gêmeos, filhos de Belo e netos de Poseidon, deus do mar. Egito herdou o reino de Arábia e Dânao, o de Líbia. Não obstante, Egito reclamou o fértil vale do Nilo e deu a esse país o seu próprio nome. Logo teve cinquenta filhos de diversas mulheres, enquanto que Dánao teve cinquenta filhas, que foram chamadas as Dânaides. Depois, houve disputa entre os dois irmãos e Dânao, temeroso do poder de Egito, fugiu da África, refugiando-se em Argos, que precisamente, naquela época, encontrava-se devastado pela seca. Por isso, uma das Dânaides, Amimone, foi enviada com suas irmãs em busca de água. Fatigada pela viagem, deitou-se para descansar à margem do caminho, quando de repente surgiu um sátiro que tratou de furtá-la. Amimone chamou em sua ajuda, Posêidon, que repeliu o sátiro com um golpe do seu tridente. O golpe acertou uma rocha da qual surgiu uma tripla fonte que proveu de água a Argos. Dânao reinou tranquilamente durante um tempo, até que chegaram a Argos os seus sobrinhos, os folhos de Egito, que lhe pediram que esquecesse as desavenças com seu pai e anunciaram-lhe que queriam se casar com as Dânaides para selar a paz. Dânao deu seu consentimento, ainda que desconfiasse da reconciliação. Assim, os cinquenta filhos de Egito casaram-se com as cinquenta filhas de Dânao. O rei celebrou as bodas com um grande banquete, mas, em segredo, deu a cada uma das suas filhas uma adaga, fazendo-as prometer que dariam morte a seus esposos durante a noite. Todas as Dânaides cumpriram sua promessa, salvo a mais velha, que conservou a vida do seu esposo, chamado Linceu, por tê-la respeitado durante a noite de bodas. Por ordem de Zeus, as

Dânaides foram perdoadas do seu delito, mas, como é lógico, depois desse acontecimento, Dânao já não pôde casar suas filhas, pois os pretendentes temiam ser assassinados, como anteriormente havia acontecido.

Por fim, para solucionar o problema, Dânao celebrou alguns jogos, oferecendo por recompensa suas próprias filhas e liberando os vencedores dos regalos que deveriam fazer ao sogro. Deste modo, as Dânaides casaram-se finalmente com jovens do país, com os quais iniciaram a raça dos Dânaos. De acordo com outras versões do mito, Linceu teria feito as pazes com seu sogro, Dânao. E em outras versões, teria dado morte a ele e às quarenta e nove Dânaides assassinas, vingando seus irmãos. Mas, o que nos interessa neste caso é que após a morte das Dânaides, apesar da purificação ordenada por Zeus, os juízes do inferno consideraram-nas culpadas do assassinato dos seus esposos, pelo que, como castigo, foram condenadas a levar e a despejar água continuamente num recipiente sem fundo. E isto, nada menos que, durante toda a eternidade.

Interpretação: Decepções, cansaço, frustrações, cobrança de dívidas passadas e esquecidas.

O TRIUNFO

    Triunfo, êxito, vitória, logros, realização, consecução de tudo aquilo que o iludia e pelo que tanto tem trabalhado e lutado. Controle sobre as forças da natureza. Recuperação da saúde, vitória sobre as penúrias econômicas ou sobre os inimigos de qualquer tipo. É a carta dos que logram algo de grande. O triunfo pode se referir ao âmbito amoroso, material, laboral, social ou a qualquer dos campos da atividade humana.

    Interpretação: Êxito, ganância, troféu, superação, domínio, superioridade, reconhecimento, felicidade, satisfação com o conseguido.

EM SUAS MÃOS

    O amor o mantém em suas mãos. Não se pode escapar. Vive a experiência plenamente. Toda sua vida adquirirá de imediato uma sutileza e uma vibração não usual. Não permita que essa vivência maravilhosa se veja empanada por sentimentos mesquinhos como o ciúme e a posse. Seja consciente de que o amor o possui a si, não você a ele e nada pode fazer a seu respeito. Não o degrade ao tentar convertê-lo em algo que não é e tampouco tente retê-lo. Mas quando o chame, siga-o, ainda que seu caminho seja duro e difícil. E quando suas asas o envolverem, entregue-se, ainda que a espada escondida nelas fira você.

    Interpretação: Amor. Sentimento agridoce. Sonhos. Namoro. Sedução.

A ALEGRIA

    Felicidades porque esta carta indica que finalmente a alegria está chegando à sua vida. Desfrute plenamente o momento e viva-o com intensidade, partilhe-o com os que o rodeiam. Não há maior felicidade, senão o fato de fazer felizes os demais.

    Interpretação: Alvoroço, satisfação, festividades, otimismo, diversão, felicidade.

A BELEZA

A beleza está nos olhos de quem a vê, costumam dizer. "Todos tivemos momentos celestiais sobre a terra, geralmente no peito de nossa mãe ou de outra pessoa. Nesse instante se dá um sentimento de paz interior que provém de um abandono total do desejo de julgar. Podemos ver toda beleza de outra pessoa e sentimos que os demais podem ver igualmente a beleza em nós". A bela pintura dessa carta parece dizer que a autêntica beleza acha-se sempre no mais simples e na pureza das coisas, independentemente das modas e dos gostos cambiantes. Sua interpretação dependerá das cartas que a acompanhem, ainda que seu significado seja claro: algo muito belo chagará à sua vida. Desfrute e seja feliz.

Interpretação: Perfeição, formosura, atração, graça, encanto, simplicidade, harmonia, equilíbrio, doçura.

A CARIDADE

O quadro, A Caridade de Santa Isabel da Hungria, de Edmund Blair Leighton, mostra-nos a santa, repartindo alimentos aos necessitados. A aparição dessa carta vem recordar que, ao contrário do que nos mostram os sentidos físicos, na realidade não existe separação alguma entre nós e os demais. Os demais são você mesmo, ainda que noutras circunstâncias. São outras folhas da mesma árvore. E você é a árvore, a maravilhosa totalidade da árvore. Não deixe que os olhos o enganem e chegue por isso a pensar que tão só é uma folha. Esse é o verdadeiro amor. A verdadeira caridade é ser consciente de que todos nós somos Uno. Não deixe que a armadilha do tempo vivido em três dimensões o impeça de sentir a Realidade. Neste nível em que estamos – eu, escrevendo essas linhas e você lendo-as – nada é para sempre.

Mas cuidado, pois o que normalmente se entende por caridade, muitas vezes não é outra coisa do que amor próprio disfarçado dele mesmo.

Interpretação: Ajuda dos demais e ajuda aos demais. Socorro inesperado. Uma mão amiga. Guia espiritual. Favores. Piedade. Misericórdia. Filantropia. Generosidade. Desinteresse.

A CEGUEIRA

O famoso quadro de John Everett Millais, The Blind Girl, mostra uma jovem, cega de nascimento, que descansa sentada a um lado do caminho sem poder contemplar a beleza que a rodeia: um campo dourado em que pastam prazerosamente alguns animais, enquanto ao fundo um duplo arco-íris adorna o céu azul. A aparição dessa carta muito raramente se referirá à cegueira física. É antes, uma indicação de que a pessoa está se negando a ver algo que nesse mesmo momento ocorre diante dela. É algo que a afeta diretamente, a ela ou a algum de seus seres queridos e, portanto, deveria estar escondido. Provavelmente, tais fatos ou circunstâncias tenham sido ocultos a propósito por alguém, ainda que o mais comum é que não seja assim. Provavelmente, é ela quem prefere não abrir os olhos e escolhe olhar para outro lado para evitar que descubra algo que instintivamente sabe que a fará sofrer. Esconde a cabeça debaixo da asa, pensando que desse modo se libertará do perigo. A mensagem do Oráculo é que examine cuidadosamente suas circunstâncias para se assegurar de não estar tendo a mesma atitude em relação a algum aspecto importante de sua vida. Mas, tem que ser um exame cuidadoso e imparcial. É importante.

Interpretação: Obsessão. Problemas na visão. Estreiteza de olhar. "Não há pior cego do que aquele que não quer ver". Teimosia, persistência no erro, apesar dos avisos. Síndrome da avestruz.

A COROAÇÃO

O quadro mostra o momento em que ao autor de *Ilíada* e *Odisséia*, lhe imposta a honorífica cora de louros por um ser angelical. O significado dessa carta pode, em muitos aspectos, comparar-se ao de O Carro ou A Carroça nos arcanos maiores do Tarô. Indica um momento de triunfo e de honras. Mas, cuidado. É dos sábios não se deixar arrastar pela alegria ou pela dor. Tudo passa e tudo volta. A melhor maneira de suportar a constante mudança é achar a paz dentro do seu coração. O que hoje o faz feliz, pode entristecê-lo amanhã. O que hoje lhe traz tristeza, pode amanhã fazê-lo feliz. Pergunte-se o que significa para si realmente o êxito. Pergunte-se o que significa a adulação dos demais. Olha o seu interior. Se descobre que seus atos podem prejudicar alguém, detenha-se. Só assim se beneficiará realmente. Dito isso, a aparição dessa carta sinaliza que irá lograr o reconhecimento que merece. Finalmente, seus trabalhos e seus esforços serão devidamente recompensados. Agradeça que assim seja e mantenha a cabeça fria.

Interpretação: Êxito, ganâncias, troféu, superação, domínio, superioridade, reconhecimentos, felicidade, magnificência, invejas.

A COLHEITA

A mão da vida nos trará inevitavelmente o resultado das nossas ações passadas. O que semeamos hoje, colheremos amanhã. É a chamada lei do Karma. Quando optamos por realizar atos que levam à felicidade e ao êxito dos demais, o fruto que a vida nos trará é a felicidade e o êxito. Cada momento abre ante nós um amplo leque de possibilidades. Nós escolhemos e dessa escolha depende o que nos ocorrerá amanhã. Algumas dessas decisões as tomamos conscientemente, enquanto que a maioria é uma simples e mecânica reação ante as circunstâncias do momento. A maioria, como consequência de todos os nossos condicionamentos, tem respostas repetitivas e previsíveis ante os estímulos do entorno. E isso faz que a colheita que recolhemos mais adiante seja também totalmente previsível. A aparição dessa carta vem chamar atenção sobre esse fato. A porta que pode nos conduzir ao livramento dessa necessidade é sermos conscientes dela. Dar-nos conta de que existe. Esse é o princípio.

Interpretação: Coleta do fruto do próprio trabalho. Prazer. Satisfação. Bonança econômica. Felicidade. Reconhecimento por parte dos demais. Lei do Karma. Retribuição por nossos atos anteriores. Prêmios ou castigos aparentemente injustos ou desmerecidos.

A CURIOSIDADE

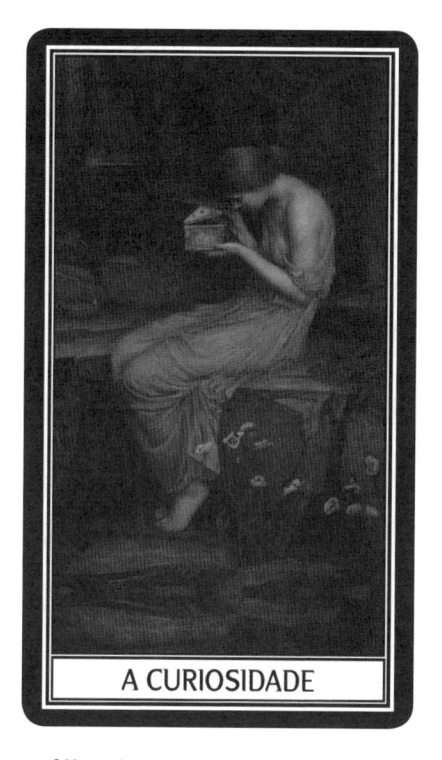

Psique era filha de um rei, mas por algum motivo despertou a ira de Vênus, quem a considerava sua rival; por isso ordenou a seu filho Cupido que a fizesse enamorar-se de um ser desprezível. Mas resultou que ao vê-la foi Cupido quem se enamorou dela e a visitou desde, então, cada noite. Temendo que Psique não pudesse resistir à sua beleza, Cupido permaneceu sempre na escuridão e ordenou a ela que nunca tentasse olhar-lhe o rosto. Mas uma noite, vencida pela curiosidade e animada por suas irmãs, Psique tomou uma lâmpada de azeite disposta a ver o rosto do seu amado, enquanto ele dormia. Lamentavelmente, uma gota de azeite derramada sobre o ombro dele o despertou. Enojado pela desobediência dela, partiu, deixando-a triste e arrependida. Desde, então, Psique dedicou-se a percorrer a terra em busca do seu amado vencendo, do jeito que podia, os obstáculos que Vênus punha em seu caminho. Numa de suas aventuras deteve-se com uma caixa de ouro, que lhe fora proibido abrir. Quando um dia, vencida de novo pela curiosidade, abriu-a, caiu de repente no sono da morte. Afortunadamente, Júpiter, apiedado finalmente de Psique, converteu-a em imortal, para que desse modo pudesse reunir-se ao seu amado e permanecer sempre com ele. Como vemos, a mitologia ressalta claramente uma das características chave da mente (psiquis): a curiosidade. Em parte é a curiosidade o que permitiu o avanço científico e tecnológico do ser humano. Lamentavelmente, essa curiosidade foi enfocada quase exclusivamente para o mundo exterior. O sentido dessa carta é ambivalente. Se sair em posição normal, fará referência aos aspectos positivos da curiosidade mental. Se estiver invertida, será um aviso de que uma curiosidade excessiva, sobretudo sobre temas ou assuntos que não são da sua incumbência, pode gerar problemas.

Interpretação: Indiscrição, falatórios, ociosidade, excessiva expectativa, ansiedade. Curiosidade científica.

A DETERMINAÇÃO

A jovem do quadro caminha com grande decisão levando as crianças pela mão. Há momentos na vida em que não valem a pena. São instantes em que se deve assumir uma determinação e fazê-la caminhar aceitando os riscos que ela implique. A aparição dessa carta pode indicar que se encontra ou se vai achar frente a uma circunstância desse tipo em que será necessário tomar um determinado curso de ação, sem titubear. Se sua decisão é correta e desinteressada, não albergue nenhum receio. A totalidade do universo está com você e o ajudará em seu propósito.

Interpretação: Decisão, vontade, poder, juízo certeiro, força interior, razão. Ausência de contemplações e de compromissos. Justiça.

A ESCOLHA

O significado dessa carta coincide com o significado do arcano do Tarô, denominado Os Amantes. A pessoa do quadro encontra-se ante uma decisão difícil, a respeito da qual não tem as coisas claras, pois não possui os dados suficientes para se decidir com segurança por uma das duas possibilidades que se abrem ante ela. Ou talvez, se possui dados, mas não é capaz de valorizá-los devidamente, já que a atração que sente para cada um dos possíveis caminhos é de natureza mais distinta e isso lhe dificulta sua valorização. Se na tirada aparece essa carta, é muito possível que se encontre, seja atualmente ou num futuro muito próximo, numa encruzilhada de tipo ético ou moral. O conselho de Oráculo é que se os dados que têm não lhe permitem tomar uma decisão clara, esforce-se por ouvir sua voz interior. Essa voz nunca se equivoca. Pode se manifestar de muitos modos e há que estar atento a seus sinais. Se não está preparado para ouvir as mensagens da voz interior, tem à sua disposição diversos instrumentos que podem ajudá-lo. *O Novo Oráculo de Delfos* é um deles. Use-o.

Interpretação: Disjuntiva importante. Devaneio. Sedução. Engano. Dois caminhos. Decisão que há que meditar. Conveniência de buscar o conselho do travesseiro.

A INVEJA

    Glauco, enamorado de uma ninfa chamada Cila que todo dia banhava-se no remanso de um manancial, pediu a Circe que, com sua magia, lhe conseguisse o amor de Cila. Mas a deusa caíra invejosa de Cila e interessada ela mesma no amor de Glauco, verteu uma de suas peçonhentas poções na água onde iria se banhar a jovem. Assim, quando ela entrou na água, a parte inferior do seu corpo converteu-se num cão horrível que ladrava sem cessar. Pesarosa com esta mudança e sem poder suportar os ladridos, Cila arrojou-se ao mar, convertendo-se nas ilhas que há entre a Itália e a Cecília, que trazem seu nome. Neste quadro de John William Waterhouse, intitulado Circe invejosa, vemos a deusa maga derramando um líquido verde nas águas do manancial onde se banhará Cila. O verde é a cor da bile, humor corporal que tradicionalmente foi associado à inveja.

A aparição dessa carta pode indicar que alguém entre nossas amizades, relações de trabalho, vizinhos ou inclusive familiares está sendo vítima da inveja. A pessoa invejosa sofre, pois considera que o outro não mereça o que tem e pelo contrário: crê que ela sim, possui méritos que, não obstante, não se lhe foram reconhecidos. O invejoso costuma se disfarçar de alguém amigo e quase nunca manifesta abertamente a paixão que o corrói, mas pode semear a discórdia entre os amigos e familiares. A Circe invejosa diz-nos também que sejamos humildes e cuidadosos. De nada serve o boato excessivo, nem a presunção infantil. Se somos conscientes de que a natureza, a sorte ou simplesmente o nosso trabalho nos tenham dado bens ou qualidades que possam despertar inveja, temos a obrigação de ser discretos e comedidos. Toda obra, toda palavra e todo pensamento tem consequências, por isso, sejamos prudentes. Os pensamentos chegam sempre ao seu objetivo e o afetam de algum modo, ainda que a maioria não seja capaz de percebê-los. As invejas também nos afetam negativamente. Não as fomente.

Interpretação: Ciúmes, rancores, maledicência, intrigas. Ressentimentos, rivalidades ocultas, falsas amizades.

A ESPERANÇA

É o resultado de seus atos, pensamentos, palavras, penas e prazeres passados. Se espera que o futuro lhe traga a sorte e a felicidade, irá se decepcionar. Este momento – aqui e agora – é tudo o que tem. A manhã já passou e o futuro talvez não chegue. O momento presente possui uma sutil qualidade: é real. É o único real. Aconselha-se que tenha confiança e serenidade, pois tudo que precisar chegará, uma vez que a ansiedade não traz benefício. O pensamento cria. Ao pensar em algo – e mais, ao acrescentar-lhe uma carga emocional – está contribuindo a que se materialize. Assim é como funciona o mundo.

Interpretação: Confiança, otimismo, ilusão, promessas, expectativas favoráveis.

A ESTRELA

Quando toda esperança pareça perdida, a estrela iluminará seu caminho. Sua luz não é uma centelha deslumbrante, mas um resplendor suave que aquece e conforta sem queimar ou destruir. Ela o guiará ao caminho correto. Quando não possa achar por si mesmo uma saída, olha os céus em busca de guia. Olhe para a chispa de divindade que há no seu interior e que até agora não pode ver nem reconhecer. Cada um de nós tem dentro de si a estrela, esperando verter sua luz sobre o mundo. Esta carta é como um farol de esperança e inspiração. Nos momentos de ociosidade diz-lhe que há um caminho para sair dela e que não deve se preocupar, pois a luz e a liberdade estão próximas. Tudo o que necessita é algo em que deposite sua fé. Deixe que a energia infinita da estrela o ilumine. Ela lhe dará a força e a clareza de objetivos que necessita para continuar seu caminho.

Interpretação: Guia espiritual, proteção do Alto. Destino luminoso, ainda que não isento de trabalhos e sacrifícios. Segurança. Tudo está bem, ainda que as aparências não o mostre assim.

A FELICIDADE

A felicidade não depende das circunstâncias. Há pessoas que têm tudo para ser felizes e são muito desditosas; não obstante, outras vivem uma vida feliz, apesar de ter autênticos problemas ou enormes carências. A chave da felicidade é saber que nada de fora tem um poder real sobre si. Os fatos externos não podem afetá-lo, se você não o permite. E sobretudo, lembre-se: a maneira mais fácil de ser feliz é fazendo felizes os demais. A aparição dessa carta preconiza a chegada, à sua vida, de momentos de plenitude e felicidade. Desfrute-os.

Interpretação: Paz, harmonia, tranquilidade, prosperidade, amor, ventura, boa estrela, bonança econômica, auge, bom augúrio.

A FEITICEIRA

A bela feiticeira representada neste quadro é Circe que está oferecendo com gesto grandiloquente um copo a Ulisses. A deusa-maga Circe, possuidora de grande beleza, convertia os seres humanos em animais, dando-lhes a beber um vinho em que previamente havia dissolvido sua poção mágica e com essa artimanha havia convertido em porcos os acompanhantes de Ulisses. Enterrado, este foi ver Hermes que lhe deu uma medicina capaz de neutralizar os efeitos da poção de Circe. E foi por isso que depois de tomar o vinho não se converteu em porco, mas puxando sua espada, dispôs-se a castigar a malvada ainda que bela Circe. Conforme conta a Odisséia, a formosa feiticeira, incrédula, mas muito assustada, pediu-lhe então que a perdoasse. Neste quadro, vemos Circe com um copo na mão e a vara mágica na outra, rodeada de flores de cor púrpura, símbolo da realeza, enquanto oferece a Ulisses sua poção. Sentada sobre um trono de ouro, cujos antebraços representam os respectivos leões, considera-se a si mesma uma rainha. Pelo que parece, o porco que jaz aos seus pés é um dos amigos de Ulisses. Refletido no grande espelho que há depois do trono, vemos o herói da Odisséia, que se aproxima com gesto precavido e ameaçador.

A feiticeira pode representar não só uma mulher, mas também um homem de aspecto agradável, de modos finos e inclusive uma situação ou uma circunstância em que as aparências apresentam-se favoráveis, contudo, escondem grave perigo. Cuidado! Atrás dessa bela, sofisticada e luxuosa fachada, talvez se oculte uma armadilha. A aparição desse arcano aconselha que analise cuidadosamente as pessoas que chegaram à sua vida recentemente. Também as propostas que lhe sejam feitas. Vai abandonar o trabalho atual para iniciar outro aparentemente melhor? Alguém que conheceu recentemente o está envolvendo, enquanto o separa, sem se dar conta de suas antigas amizades. Vai mudar de carro ou de casa por motivos puramente frívolos? A feiticeira vem lhe dizer que desconfie das aparências. Não se trata de cair na paranoia, mas sim de atuar com prudência e, em caso de dúvida, que consulte sempre sua intuição. E, sobretudo, não se precipite.

Interpretação: Perigos ocultos, armadilhas encobertas, amizades que não são o que parecem, rivalidades não confessadas, artes más. Magia negra. Obsessão.

A INDECISÃO

Há momentos em que a indecisão apodera-se de nós. Não vemos com clareza qual é o caminho adequado. Não sabemos que direção seguir. Ao se encontrar num desses momentos o conselho do Oráculo é que procure guia em seu interior. A intuição, os sonhos, as premonições e o próprio oráculo lhe indicarão de forma segura qual é a meta a que deve encaminhar seus passos e quais são os passos que têm que dar para se acercar dela. Toda a sabedoria do universo já está no seu interior. Tão só tem de achar a forma de chegar a ela. Agora tem ajuda para consegui-lo.

Interpretação: Dúvidas, intranquilidade, falta de segurança em si mesmo, titubeios, flutuações do acaso. Perplexidade, reparos.

A INDISCRIÇÃO

O quadro de Eugene de Blass mostra-nos uma mulher jovem que espiona, entreabrindo a porta ligeiramente para não ser descoberta. Essa carta pode ser uma prevenção contra a curiosidade excessiva acerca de assuntos que não são realmente da nossa incumbência e a cujo conhecimento não podemos aportar nenhum bem. Mas, especialmente nos aconselha a ter cuidado com pessoas que nos rodeiam e que também estão demasiado pendentes de nossos assuntos, sem que realmente lhes importem nem tenham nada a ver com eles. Se a consulta refere-se a trabalho ou a negócios, essa carta é um claro indício de que alguém próximo de nós não merece totalmente nossa confiança. Pode ser um aviso de que esteja extraindo ou obtendo informações com fins pouco claros. Pode se tratar de simples curiosidade, mas também de assuntos mais sérios, inclusive de espionagem por conta de terceiros. O conselho em qualquer caso é extremar a prudência, a discrição e as medidas de segurança.

Interpretação: Falatórios, ociosidade, ansiedade, fofocas, invejas encobertas. Espionagem, amizades falsas, imprudência. Perigo.

A INOCÊNCIA

Deveríamos ser como crianças, ausentes de malícia, ligeiros de equipamento. Sempre despertos às novas emoções, abrindo os olhos ao olvido da maldade e com o coração preparado para as grandes empresas espirituais. Deveríamos ser alheios ao orgulho adotando a simplicidade, que é a mãe da perfeição. Edificando, não destruindo, deveríamos nos esforçar por seguir o caminho da verdade e da criatividade. Desse modo seríamos paz e harmonia e onde quer que nos levassem nossos passos ali haveria harmonia e paz. A aparição dessa carta é muito bom indício, qualquer que seja o sentido da consulta.

Interpretação: Paz, tranquilidade, bondade inata, carência de maldade, amor puro e desinteressado. Harmonia.

A INQUIETUDE

Nada é tão ruim quanto parece. Nada gera tanta inquietude. Os males ou os sucessos externos não são nada, pois sua realidade depende de nossa própria imaginação. Se tem medo de algo, na realidade o teme, pela imagem que se fez dessa coisa, dessa pessoa ou dessa situação. E se logra ir mais além dessa imagem, se consegue transcendê-la, verá que tem em si o poder de transformar seus estados internos, o que é o mesmo de poder mudar seu próprio mundo. Não tem porque se deixar levar por essas emoções negativas. Mas isso requer esforço e certa dose de confiança em suas próprias forças. "Vence quem se vence". A aparição dessa carta prediz pequenas inquietações e intranquilidade, em grande parte injustificadas.

Interpretação: Ansiedade, expectativas desproporcionadas. Desassossego, aflição, mal-estar, suspeitas.

A INSPIRAÇÃO

A inspiração para dominar qualquer arte, para alcançar qualquer meta ou empreender qualquer projeto vem sempre do seu interior, que é o centro de todo o conhecimento. Quando o desejo de seguir um caminho determinado apresenta-se com insistência, deverá prestar atenção e confiar nessa voz interior. Confie, ela lhe mostrará o caminho para o êxito. Mas, a decisão de confiar nesse impulso sutil é só o primeiro passo. O que segue é esforçar-se e comprometer-se diariamente. É muito mais fácil mudar de meta ou de projeto do que concluir o já iniciado. Não obstante, só com perseverança logrará desenvolver ao máximo seus talentos. Cada vez que retrocede ou abandona um compromisso, está optando por uma vida sem plenitude. Há coisas que só você pode fazer ou, pelo menos, só você pode fazê-la de certo modo. Essa carta vem lhe dizer que siga sua inspiração e se esforce até o final.

Interpretação: Guia espiritual. Conhecimento intuitivo. Premonição. Trabalhador árduo. Sacrifício que finalmente rende seus frutos. Prêmio.

A INTUIÇÃO

A intuição é um conhecimento imediato. Uma revelação aguda. O ato ou a faculdade de saber sem utilizar o procedimento racional. É um saber que momentos antes desconhecíamos que tínhamos. A intuição pode se apresentar à consciência de duas formas ligeiramente diferentes. Algumas vezes se apresenta como pensamentos, suposições ou intuições, que parecem surgir sem motivo, como se alguém ou algo nos estivesse falando, ou melhor, estivesse falando através de nós. Outras vezes se trata de sinais corporais que logo se convertem em sentimentos, em imagens ou inclusive em pensamentos. Einstein dizia que a intuição é a forma mais elevada de conhecimento. Esta carta vem lembrá-lo de que deve valorizar sua intuição. Principalmente, quando já esgotou todos os recursos da lógica e do raciocínio, detenha-se, relaxe e deixe que essa sabedoria interior se comunique com sua consciência.

Interpretação: Guia espiritual. Comunicação com planos superiores. Recepção de mensagens. Contato. Mente clara e bem centrada. Discernimento.

A LIBERAÇÃO

    Uma circunstância longamente esperada por fim ocorrerá e lhe retirará um grande peso de cima. A mão da vida o liberará proximamente de uma situação, que lhe causava inquietação e que o impedia de desenvolver todo o seu potencial. Dê graças pela sua liberação e siga adiante, aproveite esse instante de renovação potencial. Nesse momento poderá fazer muitas coisas que antes lhe estavam vedadas. Felicidades.

    Também é possível que seja você o liberador. O resto do conjunto das cartas da tirada e o contexto da consulta dirão em que sentido há de interpretar esse arcano.

    Interpretação: Tranquilidade depois de um período de trabalhos e sofrimento. Descanso. Paz. Agradecimento.

A LUA

Na mitologia grega, a lua está representada por três deusas: Artemisa, Hécate e Selene. Em *O Novo Oráculo de Delfos*, o significado da lua é muito parecido ao sentido que o arcano do mesmo nome tem no Tarô. A aparição da lua quase sempre significa que algo não é como parece e que será necessário vigiar e afinar a percepção e a intuição a fim de encontrar o que está oculto antes que seja demasiado tarde. A lua não possui resplendor, por isso sua luz é enganosa e induz com frequência a interpretações equivocadas. O papel da intuição será vital para descobrir a realidade, e a aparição da lua favorece seu desenvolvimento.

Interpretação: Espelhismo. Luz franqueada. Imaginação transbordante. Aparências enganosas. Mutabilidade, mudanças contínuas.

A MÃE

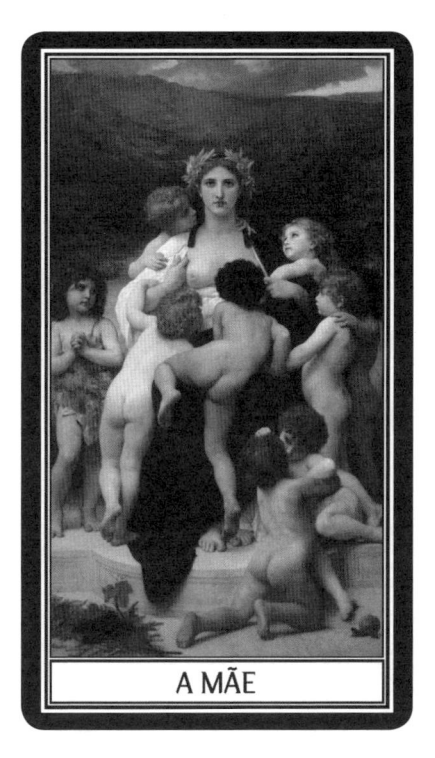

    Encontra-se diante do maravilhoso fenômeno da maternidade. Esta carta pode anunciar a chegada de um novo membro da família ou pode representar a mãe do consulente ou uma figura especialmente maternal. A figura feminina reproduzida na pintura representa a mãe França, quem cuida e alimenta seus filhos.

    Interpretação: Autoridade ou personalidade feminina importante, doçura, proteção, nutrição, acolhida, apoio. Nascimento de um bebê.

A MALÍCIA

A natureza dispôs que nós, todos os seres humanos, possamos amar a nossos semelhantes. Não é necessário que tenhamos uma relação sanguínea ou de nacionalidade ou de idioma. À diferença dos grandes símios, não temos nenhum padrão inquebrantável de rivalidade e agressão. Somos livres para escolher o amor como nossa forma de nos relacionar com o mundo. No entanto, algumas pessoas escolhem a conduta de símio, em lugar de desfrutar da milagrosa liberdade que lhes confere seu poder para amar aos demais. A escolha da malícia, da desconfiança, da rivalidade e da agressão, algumas vezes, ameaça como a nos encerrar num zoológico, rodeados de trancas e vigiados por guardas. A escolha pertence a nós. Podemos deixar para trás o símio? Atrevamo-nos a ser humanos.

Essa carta é um sinal de alerta. A tirada dirá se o perigo de atuar maliciosamente reside em algumas pessoas que o rodeiam ou naquelas que vão cruzar sua vida.

Interpretação: Maldade, perversidade, sagacidade mal intencionada, sutileza, estratagemas, suspeitas, astúcias, picardia, desconfiança, ardil.

A MELANCOLIA

Sofreu uma perda e seu coração acha-se mergulhado em tristeza. Sua dor e seu pesar fazem com que tudo seja cinzento. Mas, leve em conta que nenhum acontecimento gera só resultados negativos. Consideramos que algo é negativo quando afeta nossos interesses pessoais. Tudo, porém, tem duas faces. O que agora lhe parece mau, pode parecer-lhe bom, amanhã. O mais importante nesses momentos é que procure manter a mente clara e que trate de não se lastimar aos outros. Já verá, de imediato, inesperadamente, novo caminho se abrir diante de si.

Interpretação: Aflição, tristeza, languidez, pena, pesadelo, desconsolo, ansiedade, saudade, nostalgia, solidão.

A MISSIVA

    Este arcano vem avisá-lo da chegada de notícias importantes. Ainda que a imagem utilizada nessa carta proceda do quadro de Godward, Carta de Amor, o tema das notícias dependerá muito do motivo da consulta e do restante dos arcanos que apreçam na tirada, não se limitando aos assuntos puramente amorosos. Naturalmente, as notícias podem lhe chegar tanto por carta quanto por qualquer outro meio, inclusive pelo correio eletrônico.

    Interpretação: Notícias de longe ou de pessoas ausentes. Carta. Bilhete. Nota. Notificação.

A MODÉSTIA

Esta pintura de William Bouguereau, mostra-nos uma jovem de feições agradáveis e gesto recatado, retratada num ambiente rural, com grandes árvores ao fundo e alguns lírios brancos justamente atrás dela. Tanto os lírios quanto os traços da jovem denotam grande pureza. A beleza dos traços da mulher contrasta com a simplicidade espartana da sua modesta roupa.

A aparição dessa carta numa leitura vem indicar a necessidade de nos fixar e nos centralizar no essencial. É importante que valorizemos o que realmente importa. Igualmente vem indicar que não devemos mostrar algo distinto da nossa realidade. Sempre é preferível a modéstia ao excessivo boato.

Interpretação: Simplicidade, moderação, comedimento, decoro, recato, timidez.

A NOSTALGIA

As marés difíceis de nossa vida têm um final e independentemente de angustiosa ou triste que seja a situação, sem dúvida passará. Quando a nostalgia apodera-se de você, é importante que trate de se centrar em algo atual, em algum assunto importante do momento presente. Entretanto, tudo cumpre uma função. As experiências desagradáveis pelas quais tenha passado certamente o tornaram mais forte e mais sábio. Os maus momentos transformaram-no. Se não fossem as penas, não conheceríamos nem a alegria nem o riso. As penas ensinam-nos a ser pacientes, a esperar a sabedoria que iluminará o caminho.

A aparição dessa carta previne-o contra o abandono na negatividade. É o dono dos seus pensamentos. Não deixe que sua mente o leve por caminhos não desejados. A vida é agora, no momento presente. Viva-o com intensidade.

Interpretação: Aflição, tristeza, languidez, pesadelo, desconsolo, ansiedade, saudade, melancolia, solidão, pesar.

A OCIOSIDADE

    O descanso é totalmente necessário, no entanto, diz-se que a ociosidade é a mãe de todos os vícios. Essa carta vem preveni-lo dos seus perigos. Planeje suas atividades e as daqueles que dependem de si, com antecipação, com as doses adequadas de ocupação séria e de passatempo e diversão. Desse modo evitará tanto o perigo de cair no aborrecimento, quanto o de discutir assuntos ou atividades que não lhe trarão nada de bom. Possivelmente, logo se encontre numa situação de ociosidade. Aproveite o tempo para algo útil, ainda que tão só seja para se divertir.

    Interpretação: Preguiça, falta de atividade, indolência, folga, esterilidade, banalidade.

A PAZ

A verdadeira paz procede do seu interior. Quando aceita e valoriza os dons do presente momento, você está em paz. E a gratidão pelo que o momento atual lhe traz, incrementa o valor do que há de vir. Deixar de se concentrar no presente anelando outro tempo, outro lugar ou outra experiência é perder a paz e a felicidade do agora. Um coração excessivamente anelante garante poucos momentos de paz e alegria e lhe assegura um crescimento atrofiado. O alimento que a alma deseja está aqui e agora com as pessoas que o rodeiam e nas atividades que esperam sua participação. Ao encontrar prazer nos sucessos ordinários, verá que, na realidade, nenhum sucesso é realmente ordinário. Cada momento é especial. A aparição dessa carta vem recordá-lo de que a paz o espera sempre em seu interior. Só tem que voltar a atenção para ela.

Interpretação: Calma, sossego, tranquilidade, concórdia, harmonia, amizade, união, repouso, quietude, equilíbrio e elevação espiritual.

A RECONCILIAÇÃO

Nossas lutas com os demais sempre nos passam fatura. Com frequência nos levam a nos comportar de formas de que não nos orgulhamos e que podem produzir rupturas irreparáveis. Nenhuma batalha vale o prejuízo que quase todas elas produzem. O melhor caminho é sempre a paz. Uma parte importante do processo de crescimento consiste em aprender a solucionar as situações negativas que devemos afrontar em nossas relações com os demais. A reconciliação é um momento sublime.

A aparição dessa carta pode lhe indicar a conveniência de que seja você quem dê o primeiro passo. Assim sendo, não o deixe para outro dia. Amanhã pode ser já demasiado tarde.

Interpretação: Alegria, paz interior, descanso, tranquilidade, perdão a si mesmo e aos demais.

A REFLEXÃO

    Vemos uma figura feminina que contempla seu reflexo sobre a água. Está contemplando a si mesma fora dela; não obstante, na realidade nada está fora de nós. O mundo que vemos fora não é senão um reflexo de nossos estados interiores. Construímos nosso mundo de modo tão natural que somos inconscientes de que o estamos fazendo. O espírito cria, forma e prova nossa vida. Devemos ouvir nosso espírito e sua sabedoria de forma poética e mística. Nos tempos antigos se considerava o espírito humano como algo profundo, perigoso e imprevisível, precisamente, porque se lhe concebia como a presença do divino em nosso interior. A verdadeira reflexão não é outra coisa a não ser esse ouvir dentro. Existe uma conexão íntima entre o modo como olhamos as coisas e o que chegamos a descobrir. Se puder aprender a contemplar seu eu e sua vida com atitude benigna, criativa e aventureira, sempre achará algo que o surpreenda. Talvez seja a primeira vez que contemple seu eu tal como é. Então, verá que é a essência eterna. Vislumbrar essa essência é entrar em harmonia com seu destino, consigo mesmo e com a Totalidade. Refletir não é saturar a cabeça com pensamentos. Simplesmente, é ouvir o seu interior.

Interpretação: Introspecção, meditação, abstração, pensamento distraído, contemplação, recolhimento, prudência, sabedoria.

A RESPONSABILIDADE

Chegou a hora de fazer frente às suas obrigações e às suas responsabilidades. Deixar as coisas para mais tarde tão só fará que a situação piore. Pelo contrário, ao se enfrentá-las, logo verá que o que parecia uma grande montanha vai se reduzindo de tamanho. O que se assemelha a uma tarefa desagradável, finamente resulta algo muito leviano e inclusive pode chegar a se converter num prazer. Finalmente, há nesta vida poucas coisas tão satisfatórias quanto a sensação de haver completado o nosso dever. A satisfação do trabalho feito e terminado é o mais gratificante.

Interpretação: Seriedade, carga, cumprimento das obrigações, compromissos, contratos, acordos, garantias legais, fiadores, avalistas, responsáveis solidários.

A SINCERIDADE

É importante que nesse momento da vida e, sobretudo, com as pessoas às quais se refere essa tirada, manifeste a verdade dos seus sentimentos e opiniões. Certamente, não é necessário contar tudo para todo mundo, mas a mentira, por leve e inócua que pareça, deve ser sempre evitada. A falta de sinceridade mina a confiança entre os seres humanos e pode chegar a destruir uma relação. Nesse momento da sua vida, o conselho do Oráculo é que seja sincero e aprecie a sinceridade nos demais.

Interpretação: Veracidade, candura, ausência de travas e de mentiras, limpeza, sem rodeios, contatos de boa-fé, espontaneidade, franqueza, comunicação aberta.

A SOLIDÃO

A solidão pode ser muito dura, mas é a única que pode levá-lo a reconhecer a presença e o poder da resplandecente luz que tem em seu interior. Graças à solidão poderá descobrir que nunca está só. De fato, está intimamente conectado com todo o universo. Ela nos ensina o verdadeiro valor das coisas e das pessoas. Ela pode ajudá-lo a compreender que sua alma é única, que lhe aguarda um destino especial aqui e que detrás da fachada da sua vida acontece algo de belo, bom e eterno. A solidão pode levá-lo a aprender a contemplar o seu Eu com o mesmo júbilo, orgulho e felicidade com que a Divindade o vê em cada momento.

Interpretação: Desterro, pesadelo, encerramento, retiro, clausura, pesar, melancolia, pena, tristeza, mas também paz interior e fé.

A TEMPESTADE

Há momentos na vida em que parece que todos os elementos põem-se adversamente a nós, como se a natureza no seu conjunto se aliasse para lutar contra nós. O coração humano sente-se então, frágil e desamparado. Do mesmo modo que as duas crianças do quadro, se você tem a sorte de ter alguém em quem possa se apoiar nesses momentos aziagos, recorra a essa pessoa. Talvez ela necessite de você tanto ou mais do que você dela. Mas não deixe que as circunstâncias externas o derrubem. Elas representam apenas uma prova cuja única finalidade é a de temperar seu espírito assim como se tempera o aço para fazê-lo mais forte. Depois da tempestade virá a calma e o sol resplendecerá sobre azuis e tranquilas águas. Não duvide de que essa situação tempestuosa também passará. E seguramente muito antes do que imagina.

Interpretação: Inquietude, sem razão, aguaceiro, furacão, tornado, tormenta, temporal. Fatos inesperados e traumáticos que vêm a turvar a paz e a tranquilidade.

A TENTAÇÃO

As tentações reais e insidiosas são aquelas em que caímos sem pensar: a tentação da inércia, por exemplo, ou a da tacanhez, ou a da autoagressão. Às vezes, estamos preparados para resistir a um romance informal, a um pedaço de pastel ou a uma hora extra de sono, mas não nos sentimos tentados pelas pequenas coisas mesquinhas que corroem nossa alma, pelo que caímos nelas, sem examinarmos as alternativas. Essa carta vem preveni-lo de uma tentação que se está forjando em seu caminho. De si dependerá que sucumba a ela ou que a converta numa oportunidade de elevação e crescimento.

Interpretação: Incitação, sedução, escolho não advertido, armadilha, atração mórbida.

A TIMIDEZ

A timidez e a vergonha são como um látego que nos flagela por não sermos perfeitos. A pessoa muito tímida deve se dar conta que não é diferente de ninguém. Suas limitações não são exclusivas, pois os demais também as têm. A timidez é um muro que isola. e se alguém precisar de nós e, por causa desse muro, não lhe prestarmos o socorro? Não seria isso terrível? Quando o assalte a timidez, olhe ao seu redor. Há muita gente que necessita de você. Não lhes negue sua ajuda. Talvez, tudo o que necessitam de você seja um sorriso ou algumas palavras amáveis. Dê-lhes. A aparição dessa carta previne-o contra a timidez ou avisa-o de uma pessoa tímida com quem se relacionará proximamente.

Interpretação: Abatimento, pequenez, turbação, vergonha, medo da opinião alheia. Pessoa tímida ou timorata.

A TRANQUILIDADE

    A paz é o maior bem que podemos possuir neste mundo. Só em paz se pode progredir internamente e só em paz vale a pena viver. A felicidade é estar em paz. A aparição dessa carta vem recordá-lo de que é importante que destine cada dia alguns minutos a estar tranquilo, a fazer aquilo que lhe agrada, a ocupar-se do seu passatempo preferido ou, melhor ainda, a não fazer nada em absoluto. Alguns momentos sem televisão, sem computador, sem rádio, sem conversa e sem pensamentos, beneficiarão tanto o corpo quanto o espírito. Se você estiver em paz, se tiver tranquilidade, tudo ao seu redor refletirá essa paz. Se estiver alterado ou nervoso, os demais estarão alterados. O mundo é seu reflexo. Tudo quanto vê fora de si, não é senão um reflexo dos seus estados interiores. O que parece estar fora, acha-se dentro.

As aparências enganam. Se essa carta aparece com relação a um assunto ou em resposta a uma pergunta concreta, o Oráculo está recordando da importância que a tranquilidade e a paz tem em qualquer situação ou problema. Se ao seu redor há conflito, mantenha você a tranquilidade interior.

Interpretação: Quietude, sossego, confiança, paz, serenidade, equanimidade, estabilidade material e espiritual, harmonia, calma, repouso, silêncio, moderação.

A TRISTEZA

A moça que vemos no quadro de John William Godward retrata um momento de muita alegria e contentamento. De repente algo veio turvar seu espírito, trazendo ao seu coração estado de melancolia e tristeza. Essa carta avisa-o da possibilidade de cair nesse estado anímico. Algo vem a perder. Algo não vai sair como estava previsto. Alguém não irá se comportar como esperava. De repente, tudo ficará cinzento e sem sentido. Mas essa tristeza também passará. Nada é para sempre. De fato, tão só uma coisa é permanente: a mudança.

Interpretação: Aflição, decepção, frustração, desengano, dor, contrição, pena, amargura, desconsolo, angústia.

A VAIDADE

Dizia Aristóteles que até nas mentes mais sábias há um rincão de insensatez. O vaidoso é alguém centrado excessivamente em si mesmo, para quem o resto do mundo e o resto das pessoas são importantes somente em função do modo como o afetam. A vaidade implica exultação do próprio ser e das próprias qualidades que se percebem boas, uma engrenagem cada vez maior e um ego inflado e enfatuado. Na realidade, não é outra coisa a não ser insensatez e falta de perspectiva. É consequência de uma visão superficial da realidade. Consequência de uma mente débil e de uma personalidade insegura. Essa carta pode se referir ao perigo do próprio consulente cair na vaidade ou também pode avisá-lo acerca de uma pessoa vaidosa. A imagem do quadro de Godward é muito clara. O vaidoso, tudo o que requer nessa vida é um espelho que lhe reflita uma imagem de si mesmo embelezadora. Quem quer que se preste a desempenhar esse papel de espelho benévolo terá domínio sobre ele. Cuidado. Em maior ou menor grau todos somos vaidosos.

Interpretação: Falta de modéstia, conceder uma importância excessiva ao aspecto físico e às aparências, presunção, fatuidade, pedantismo.

A VERDADE NUA

Essa carta confronta-nos com a verdade. A figura feminina neste quadro é quase o único ponto iluminado que vemos nele, distinguindo-se do espelho refulgente que sustenta no alto: a verdade é única. A aparição dessa carta sugere-nos a necessidade de enfrentar as coisas. Aquilo que tememos, ao ser encarado, apequena-se. Ao fugirmos do enfrentamento o temor fica maior e nos atemoriza cada vez mais. Esse é o significado do espelho. Todos os monstros e todas as maravilhas na realidade estão dentro de nós. Nada de fora tem o poder de nos alterar nem de nos afetar, salvo que nós lhe concedamos esse poder. Chegou a hora da verdade. Não tema.

Interpretação: Sinceridade, valor, considerar as consequências de nossos atos, ver as coisas cara a cara.

A DIFÍCIL LIÇÃO

    A menina está meio pensativa e preocupada ante o que para ela é uma tarefa enorme. Está juntando as sílabas para formar palavras e esforça-se por captar o significado dessas palavras e das simples frases que formam. Tem de aprender a lição. É uma tarefa que requer certo esforço, mas sem dúvida irá lográ-lo. Cada passo avançado tem um valor extraordinário. Cada esforço que realiza, aproxima-a da meta, do triunfo. É possível que a sua situação atual seja semelhante. A vida não o pôs ou vai pô-lo ante o que lhe parecerá uma lição difícil. Talvez tenha de atuar contra seus impulsos mecânicos. Quem sabe deva esforçar-se por conviver ou trabalhar com alguém com quem não se simpatize muito. Ou melhor, deva realizar alguma tarefa que lhe desagrade especialmente. O conselho do Oráculo é que não engrandeça com sua mente a dificuldade da tarefa. Planeje objetivos parciais, facilmente alcançáveis e cinja-se com disciplina ao plano traçado. Antes de que se dê conta, o que parecia muito difícil terá se tornado fácil. O esforço realizado – que logo verá que não é tanto quanto imaginava – terá valido a pena. O fato de assimilar a lição, converte-a em coisa do passado. Enquanto não o faça, a terá sempre em sua frente. A vida lhe trará uma ou outra vez.

Interpretação: Ensinamentos da vida, enfrentar com valor e equanimidade o que a vida nos traz a cada momento. Aprender com nossos próprios erros.

OS SONHOS

Em posição normal a carta dos sonhos vem recordá-lo da necessidade de converter seus sonhos em objetivos. O fato de que essas ilusões que sempre considerou algo inalcançável e algo pertencente tão só ao âmbito da fantasia, passem a converter-se numa meta que há de lograr, fará que toda a sua vida, de um modo imperceptível, dirija-se a essas metas e fará que a totalidade das forças do universo o ajudem na dita empresa. Você tem o poder de converter seus sonhos em realidade, ainda que, todavia, ignore que o tenha. Também desconhece o processo que é necessário seguir. A natureza ocultou os maiores mistérios nas coisas mais simples. O segredo, resumiram-no alguns alquimistas em três palavras: querer, saber e atrever-se. Logo há outra mais, sem a qual quase nada poderá conseguir: calar. "O mundo sustenta-se pelo segredo", disse Zohar. O que você vai fazer é uma operação mágica. Vai trazer à realidade física algo que antes não existia. Vai criar. E essa operação criadora necessita da energia do silêncio. Se falar, levará tudo a perder. Essas são as chaves.

Se a carta aparecer invertida, seu significado é que está desperdiçando seu tempo e sua energia num sonhar desperto que, como siga tão só pensando nisso sem passar aos fatos, não vai conduzi-lo a nada. Em sua mão estará sempre a possibilidade de tirar essas ilusões do âmbito dos sonhos e das fantasias e trazê-los à realidade. Tão só precisará pôr em prática as quatro palavras vistas acima. Mas, cuidado. Antes de começar, assegure-se de definir o que na realidade quer. O universo está esperando suas instruções. Seu funcionamento é totalmente mecânico. O que peça, obterá.

Interpretação: Ilusões, esperanças, anelos, desejos, sonhos. Converter nossas metas em realidade.

MENSAGEM IMPORTANTE

A mensagem que lhe anuncia essa carta não costuma ser externa, mas, mais procedente dos níveis internos do ser. É muito possível que lhe chegue em sonhos, ou em forma de uma forte intuição; uma frase que lhe vem à mente no momento de despertar; uma voz que ouve ao adormecer; uma mensagem publicitária que atraia sua atenção de forma súbita etc. Mas, sem dúvida essa mensagem reveste uma importância vital nesse momento de sua vida. A aparição dessa carta no princípio de uma tirada reforça significativamente a mensagem da tirada.

Interpretação: Missiva, carta, notícias. Despertar espiritual, contato com os planos superiores. Despertar da intuição. Sinais, indícios significativos.

MÚLTIPLOS AMORES

    A situação pintada nessa carta mostra clara sobreoferta amorosa. São tantas as possibilidades que revoluteiam ao seu redor, que a pessoa se vê preocupada e incapaz de lograr a serenidade necessária para poder realizar a escolha adequada. Ainda que aparentemente seja uma carta positiva, suas conotações negativas são também evidentes. Pode produzir engajamento e um falso sentido do próprio valor. É necessário que a pessoa se esforce por achar um tempo de paz e tranquilidade, que lhe permita valorizar e calibrar tranquilamente sua situação. Mais além do campo estritamente amoroso ou romântico, essa carta pode igualmente referir-se a qualquer outro aspecto da vida, quer se trate do terreno laboral – várias ofertas de emprego recebidas simultaneamente – quer amistoso, social etc.

Interpretação: Esgotamento, confusão, pressão, fastio. São tantas as opções diante dela, que a pessoa tem dificuldade de avaliá-las e decidir sensatamente.

MÚSICA CELESTIAL

Enquanto dormimos, os anjos tecem nossos sonhos entre os fios dourados de seus instrumentos. Correm o véu da nossa consciência e levam-nos a esse universo onde tudo flutua nos espaços infinitos. Enquanto o corpo descansa o espírito vela e é instruído e deleitado. Antes de dormir, peça ao seu anjo que o ajude em seus assuntos desse lado e que o leve no outro pelos caminhos que mais favoreçam a sua evolução para a Luz. A aparição dessa carta numa tirada é uma boa indicação. O assunto em questão tem a bênção de Cima e tudo se desenvolverá pelo maior bem de todos os afetados.

Interpretação: Harmonia, conexão com o espiritual. Altruísmo autêntico. Elevação espiritual. Reconhecimento dos méritos por parte dos demais. Equilíbrio interno.

DORES DE AMOR

Sofreu um desengano, uma desilusão, um desencanto. A aflição e a pena embargam-no. Esse estado de ânimo requer uma atenção cuidadosa. Está bem que sinta a dor, mas sem cair na autocomiseração. Para cumprir sua missão nessa vida, tem de aprender a perdoar. Nem tudo pode ocorrer sempre, conforme seus desejos, pois os demais têm os mesmos direitos que você. Deve entregar-se ao perdão total, sem restrições. E deve perdoar tanto os demais como a si mesmo. Essa é a chave que lhe abrirá a porta para um mundo novo. É possível que a carta indique algum dissabor nesse sentido. Lembre-se, isso também passará.

Interpretação: Tristeza, desenganos, frustrações, depressão. Pesadelo, dissabores amorosos e de outros tipos, nostalgia, desconsolo.

PERSPECTIVA

    Às vezes, as árvores não nos deixam ver o bosque, é costume dizer assim. A fim de poder contemplar um assunto na sua real magnitude e ver suas implicações, nem sempre aparentes à primeira vista, em muitas ocasiões é necessário um distanciamento que nos dê a necessária perspectiva. Pode tratar-se de um dia de descanso, uma pequena viagem, ou talvez de uma momentânea mudança de atividade. A aparição dessa carta indica-lhe que chegou o momento de observar o tema que o preocupa, a partir de um ponto de vista externo. Talvez deva recorrer a uma pessoa de confiança ou talvez a um profissional, mas é claro que estando imerso no assunto, não pode vê-lo em toda sua amplitude.

    Interpretação: Necessidade de tomar para si um descanso e um respiro. Sensatez, moderação, reflexão, bom sentido.

PROTEÇÃO ANGELICAL

Os anjos escutam você. É sua promessa e sua missão para com os seres humanos. Ajudam-no, mostrando-lhe o caminho. Iluminarão seus pensamentos e traçarão uma linha em sua vida para que a siga o mais facilmente possível. Eles irão pôr em seus ouvidos as palavras mais adequadas a cada instante e farão que brote dos seus lábios o melhor de si mesmo. Não os vê, mas eles o acompanham em todo momento. Peça-lhes sua proteção. Peça-lhes sua ajuda. Tudo que necessita para se beneficiar de sua proteção e de sua ajuda é fé. Eles querem ajudá-lo, mas você precisa pedir. É tudo o que tem a fazer. Só isso.

Essa carta vem recordá-lo de que conta a todo momento com essa proteção e essa ajuda angelical e sobrenatural. Não a perca.

Interpretação: Amparo, elevação espiritual, contato com os planos superiores. Consciência de que na realidade somos espíritos, ainda que temporalmente estejamos num corpo.

PROTEÇÃO

O quadro mostra uma formosa mulher protegendo e cuidando de cinco crianças. De peito despido está pronta para alimentar os pequenos. Sob seus pés, uma jarra de onde saem moedas de prata e ouro, indicando que ela está disposta a gastar o que possui em favor das crianças. Uma das crianças apoia-se sobre livros, o que simboliza sua vontade de educar as crianças. A aparição dessa carta vem recordá-lo que não está só. Nunca está só. Há um poder superior que vela por você e cuida de sua vida. É certo que a existência, às vezes, receita-nos remédios amargos, porém é para nosso bem. Tem proteção. Pode seguir adiante com o planejado.

Interpretação: Segurança, ajuda, amparo, auspício. Recomendação, calor, auxílio, favores, sustento, defesa.

SACIAR A SEDE

Finalmente, logrará algo que ansiou durante muito tempo. Tudo chega nessa vida e por fim chegou-lhe o momento de saciar sua sede. Desfrute da sensação de ver cumprido seu desejo e se dê conta de uma vez satisfeito, já não parece tão importante como antes. A mente e a imaginação engrandecem aquilo em que se centram. Assim, todos temos a faculdade de modificar e de criar nosso mundo. Sendo consciente do jogo da mente, fará que as circunstâncias externas não dominem totalmente a sua vida. Não podemos mudar o mundo exterior, mas decidir como nos vai afetar, afinal de contas, é o que nos interessa.

Interpretação: Logro, satisfação, consecução de algo muito esperado. Prêmio pelos esforços realizados. Reconhecimento e valorização dos méritos da pessoa.

TÍMIDO AMOR

    Nesse caso o amor mostra uma timidez pouco comum nele. Parece que quer se cobrir com seus braços e suas asinhas. A interpretação dessa carta é literal. Parece que o amor está às portas, todavia, trata-se de algo muito débil e frágil. Será necessário consegui-lo com trabalhos e esforços. Tudo tem um preço, costuma-se dizer. E o que algo quer, algo lhe custa. Qualquer ação desconsiderada ou qualquer falta de cuidado pode acabar com esse amor nascente. Se realmente tem interesse, terá de se esforçar e deverá atuar com um coração puro e intenções limpas. Desse modo, o triunfo será seu. O mesmo conceito de timidez e fragilidade aplica-se a qualquer que seja o tema da consulta, mais além do campo estritamente amoroso. Pode ser um projeto, um trabalho, uma relação amistosa ou profissional ou qualquer outro aspecto ou campo da atividade humana. A ideia chave é que o potencial é realmente magnífico, mas requererá sempre grande cuidado e atenção esmerada.

Interpretação: Esforço e delicadeza. Cuidado. Algo frágil que requer atenção para que possa desenvolver-se devidamente.

UM PASSATEMPO

 Alguém está tomando como passatempo algo que merece muita atenção, ou, pelo menos, a outra parte envolvida, assim o considera. Se é você essa pessoa, deve ser consciente do dano que pode estar ocasionando inadvertidamente. Mas, também pode ocorrer que seja você quem pensa que certa relação é algo muito "especial", enquanto que para a outra pessoa trata-se de um simples passatempo. Cuidado!

 Interpretação: Frivolidade, diversão, inconsciência. Irreflexão, inconstância, superficialidade. Ócio, irresponsabilidade.

CONCLUSÃO

Se tem fé e confiança e não alberga dúvidas nem temores que o detenham, poderá lograr qualquer coisa a que se proponha. Não há nada que não possa realizar, nada que não possa levar a cabo nessa vida, sempre que sua atitude e sua perspectiva sejam as corretas e tenha completa confiança em sua capacidade.

> *Numa ocasião, o grande general japonês, Nobunaga, decidiu atacar, apesar de contar somente com um soldado para cada dez inimigos. Ele estava seguro de vencer, mas seus soldados abrigavam muitas dúvidas. A caminho do combate, detiveram-se num santuário shintoísta. Após orar, Nobunaga saiu fora e disse: 'Agora vou atirar uma moeda ao ar. Se sair cara, venceremos. Se sair cruz, seremos derrotados. O destino vai nos revelar seu rosto'. Lançou a moeda ao ar e saiu cara. Os soldados animaram-se tanto e encheram-se de tal ânsia de lutar que venceram sem dificuldade um inimigo muito mais numeroso. No dia seguinte, um ajudante comentou com Nobunaga: 'Certamente ninguém pode mudar o rosto do destino'. 'Exato', respondeu Nobunaga, enquanto lhe mostrava uma moeda falsa moeda falsa que tinha cara em ambos os lados.*[1]

Lembre-se, dentro de si tem todo o poder, toda a sabedoria, toda a força, toda a inteligência e toda a compreensão.

---

1 Conto incluído por Anthony de Mello no seu livro *O Canto do Pássaro*.

Algo impossível de nomear, impossível de quantificar nem qualificar e que alguns chamam o Eu Sou, outros Deus, a Divindade, o Ser Superior, a Inteligência do Universo e muitos outros nomes, atua em si e através de si. Ele é o que permite que realize o que aparentemente resultaria impossível. Nunca tema aspirar a algo demasiadamente elevado. Nunca tenha medo de esperar que o impossível se torne realidade. Não se limite, viva mais além de si mesmo e dará à Divindade a oportunidade de lhe demonstrar que tudo é possível. Se não conceder essa oportunidade, como vai saber do que realmente é capaz? Libere-se, deixe que do Alto se encarreguem do assunto, observe o que sucede. Verá como sua vida adquire outra dimensão.

Obrigado, por ler esse livro e por usar *O Novo Oráculo de Delfos*.

APÊNDICE

As seguintes páginas incluem uma breve informação sobre a maioria dos quadros, cujas imagens serviram de base para esse Oráculo, assim como uma sucinta resenha biográfica dos artistas mais significativos.

Aquário – Quadro de Jean A. Ingres, intitulado La Source, pintado em 1820. Óleo sobre linho. 163 x 80cm. Está exposto no Museu d´Orsay de Paris. Jean Auguste Dominique Ingres nasceu em 1780 na cidade francesa de Montauban. Foi filho do pintor Joseph Ingres, membro da Academia de Belas Artes de Toulouse. Toulouse era a cidade mais importante próxima de Montauban e foi ali que seu pai levou o pequeno para se formar como pintor. Duas foram as disciplinas em que o pai iniciou o jovem Ingres e em ambas destacou-se como um experto, sem abandonar jamais sua prática: a música e a pintura. Em música, o violino era seu instrumento favorito e sua destreza alcançou o nível de virtuosismo. Com respeito à pintura, o desenho foi sempre o guia e a ferramenta preferida pelo artista. Ingres formou-se seguindo a direção marcada por seu pai, que lhe traçou um plano organizado de estudos em Toulouse. Após essa etapa mudou-se para Paris, ingressando na oficina de David pelo ano de 1797, aí permanecendo até 1801. David era então, o pintor mais famoso da França. Ingres aprendeu com ele a forma de compor uma tela e a grandiosidade da pintura de história. Também aprendeu com David o modo de organizar uma oficina de pintura e transportou o método para sua própria oficina quando chegou o momento de abri-la, primeiro em Florença e logo depois em Paris. Obteve uma bolsa para estudar na Escola de França, em Roma, situada na belíssima Vila Médici. Posteriormente abriu uma oficina em Florença que conservou até o ano de 1825, em que se mudou para Paris.

Em 1826 foi encarregado da decoração de alguns tetos do Louvre, já convertido em Museu Nacional. Este fato marcou uma série de sucessos em sua carreira: no ano de 1833 foi nomeado presidente da Escola de Belas Artes de Paris. Em 1834, foi-lhe destinada a direção da Escola de França em Roma, onde ele mesmo havia sido diplomado. Ali ficou até o ano de 1841, quando voltou a Paris atraído pelo clamor social que reclamava a presença do pintor, pois havia acumulado grande êxito e fama como intérprete do regime e do poder oficial. Em 1855, teve lugar a Exposição Universal de Paris e nela se organizou a primeira exposição retrospectiva do pintor, a que presenciou já muito velho. Morreu aos oitenta e sete anos em Montauban. Adoeceu depois de um jantar em casa de seus amigos e poucos dias depois, a 14 de fevereiro de 1867, faleceu. O tema mais abundante em sua obra é o retrato, em que alcançou enorme habilidade. Todos os grandes personagens do séc. XIX francês foram retratados por ele, assim como as pessoas mais íntimas do pintor. Teve sempre um gosto especial pelo nu, ainda que devido ao puritanismo da época procurasse sempre enquadrá-lo em pinturas mitológicas ou alegóricas. Os modelos de seus retratos fazia-os pousar nus, fazendo assim numerosos estudos com o que posteriormente compunha o quadro final, vestindo-os. La Source encontra-se entre seus nus mais famosos.

Almas Gêmeas – Cupido e Psique, filhos de William Bouguereau. Óleo sobre tela de 120 x 71 cm. Coleção particular. Essa obra foi leiloada no ano de 1999 pela empresa Christie's, de Nova

Iorque, alcançando o valor de 1.760.000 dólares. Adolphe William Bouguereau nasceu na cidade francesa de La Rochelle em 1825. Educado em Rochefort, recebeu formação religiosa e humanista. Desde pouca idade demonstrava uma inata capacidade para o desenho, aptidão que seu tio Eugène encarregou-se de estimular. Graças a ele, começou a estudar pintura pela mão de Louis Sage, que havia trabalhado na oficina de Ingres e mais tarde na Escola de Belas Artes de Bordéus. Estudava nas primeiras horas da manhã e às tardes, enquanto que no resto do dia trabalhava no negócio familiar, dedicado ao comércio de vinho e azeite. Uma vez mais, graças ao seu tio, conseguiu mudar-se para Paris em 1846, matriculando-se na Escola de Belas Artes, onde se destacou a tal ponto de obter em duas ocasiões o Prêmio de Roma, em 1848 e 1850, consistindo de uma viagem a Roma, onde à Academia Francesa, situada na Vila Médici, estudaria a arte clássica e os mestres do Renascimento Italiano. Percorreu a Itália, copiu e estudou os mestres do Renascimento: Tiziano e Veronês atraiam-no pelo uso da cor. A Exposição Universal de 1855 registra sua consagração. Começaram a se suceder os encargos oficiais e, em 1866, e foi designado membro da Academia.

 Sua numerosa produção caracteriza-se pela abordagem dos grandes temas: composições mitológicas e pintura religiosa. Não obstante, não desdenha a cena do gênero e o retrato. Bouguereau especializou-se na composição de nus inspirados no mundo renascentista, de grande aceitação na corte de Napoleão III e Eugênia de Montijo. Os retratos e as cenas dos costumes completam sua produção, realizada numa técnica quase fotográfica, seguindo a escola de Ingres. Abastado comerciante, Bouguerau achava-se com os melhores mercados do momento, que conseguem os mais altos preços para as obras de um artista que já gozava de um grande reconhecimento na Inglaterra e na América. Morreu em La Rochelle, em 1905. As honras oficiais, a ação de uma crítica elogiosa e a admiração do público, fizeram de Bouguerau um dos artistas mais famosos de sua época. Não obstante, já nos últimos anos de sua vida, mas sobretudo nas décadas que seguiram sua morte, sua pintura deixou de ser tão apreciada. Lamentavelmente, na primeira metade do século XX, as técnicas modernistas afastaram totalmente o gosto pelo clássico. Em parte, a sina de Bouguereau foi semelhante a de Rembrandt, cuja obra foi ridicularizada, cerrando-se a ele as portas dos museus e dos círculos artísticos oficiais durante os cem anos que seguiram à sua morte. No caso de Bouguereau, o valor de mercado de sua pintura foi muito baixo até passada a primeira metade do século XX. Em 1960 uma obra sua custava em média 500 dólares. Porém, em maio de 2000 seu quadro, *A Caridade*, foi leiloado por Christie's em 3.520.000 dólares. Bouguereau é o pintor cujas obras mais contribuíram para esse Oráculo.

Amor Fugidio – Quadro L' Amour s' Envole, de William Bouguereau, pintado no ano de 1901. Óleo sobre tela de 170x112cm. Firmado e fechado no ângulo inferior direito. Está exposto na Frye Art Museum de Searle, Estados Unidos.

Amor sensual – Fragmento da pintura intitulada Paris e Helena de Jacques Louis David, pintada em 1788. Óleo sobre tela que se expõe no Museu do Louvre, em Paris. Jacque Louis David introduziu o neoclassicismo na França e foi seu máximo expoente desde a Revolução até a queda de Napoleão Bonaparte. Nasceu em Paris, a 30 de agosto de 1748, no seio de uma família de classe média alta. Em 1774, ganhou o prêmio de Roma e viajou para a Itália, onde recebeu forte influência da arte clássica e da obra do pintor do século

XVII, Nicolau Poussin, de sólida inspiração clássica. Desenvolveu rapidamente sua própria linha, tirando seus temas de fontes antigas e baseando-se nas formas gestos da escultura romana. Depois de 1879 adotou um estilo mais realista para poder registrar as cenas do seu tempo relacionadas com a Revolução Francesa (1789-1799), como na obra de grande dramatismo, A Morte de Marot. Entre 1799 e 1815 foi o pintor oficial de Napoleão I e registrou as crônicas do seu reinado em obras de grande formato, como a Coroação de Napoleão e Josefina (1805-1807, Museu do Louvre). Depois da queda de Napoleão, exilou-se em Bruxelas, onde viveria até sua morte. Durante esses últimos anos, retomou os temas inspirados na mitologia grega e romana, que pintou recorrendo à teatralidade mais acentuada. Foi também um prolífico retratista. De dimensões menores e de humanidade mais recolhida do que suas obras de grande formato, seus retratos mostram grande maestria na técnica e na análise dos caracteres. Foi o mestre de Ingres. Morreu em 29 de dezembro de 1825, em Bruxelas.

Amor Singular – Quadro intitulado O Pescar e a Sereia, pintado entre os anos de 1856 e 1858 por Frederick Leighton. Óleo sobre tela de 66 x 48cm. Pertence a uma coleção privada de Sir Frederick Leighton (1830-1896) é um dos mais destacados expoentes do chamado neoclassicismo vitoriano inglês. Foi presidente da Real Academia durante quase duas décadas e sua presidência foi uma época de grande prestígio e êxito, graças à sua dedicação e à sua meticulosidade. Foi um pintor clássico, que gostava dos trabalhos perfeitamente acabados, destacando-se como excelente retratista. Sua forma de ser refinada e cosmopolita (havia vivido na Alemanha e na Itália) evitaram-lhe passar as épocas de escassez tão comuns a outros pintores. Foi muito trabalhador durante toda a sua vida, permanecendo solteiro até sua morte. Sua magnífica casa (Leighton House) é atualmente um museu.

Bem-aventurança – Quadro de William Bouguereau, intitulado Regina Angelorum, datado do ano de 1900. Óleo sobre tela de 285 x 185, Acha-se exposto no Museu do Petit Palais, em Paris.

O Amor à espreita – Quadro de William Bouguereau, O Amor ao Assédio, pintado no ano de 1890. Óleo sobre tela, pertencente a uma coleção privada.

O Anjo da Bondade – Fragmento do quadro intitulado Anjo, pintado pelo ano de 1889 por Abbot Handerson Thayer. Óleo sobre tela de 92 x 71 cm, exposto no Nacional Museum of American Art, da fundação da Smithsonian Institution, em Washington DC. Estados Unidos. A modelo para essa pintura foi Mary, a filha mais velha de Thayer. Esse quadro foi o primeiro de uma série de personagens alados que Thayer realizou durante a enfermidade de sua esposa, Kate, que finalmente morreu de tuberculose.

A Arte – Quadro de William Boguerau pintado em 1867. Óleo sobre tela de 200 x 108cm. Datado e firmado abaixo para a esquerda. Está no Museu de Arte Elvira em Nova York.

O Descanso – Quadro de William Bouguereau, pintado em 1879. Datado e firmado no ângulo inferior esquerdo. Óleo sobre tela de 164 x 107cm. Está exposto no Museu de Arte de Cleveland, Ohio, Estados Unidos.

O Despertar – Fragmento do quadro, An Angel Playing a Flageolet, de Sir Edward Coley Burne-Jones. Óleo sobre tela de 74 x 61cm. Exposto em The National Museums and Galleries de Merseyside, Liverpool, Inglaterra. Edward Burne-Jones (1833-1898) foi talvez o maior da segunda geração de pintores pré-rafaelistas. Nasceu em Birmingham; sua mãe morreu em consequência do parto, o que desequilibrou o pai, a quem, a partir desse momento nunca pôde tocar fisicamente seu filho, pelo que foi criado e educado por uma rígida ama controladora. Desde sua mais terna infância, Burne-Jones criou um mundo de fantasia próprio e habituou-se nele, a fim de escapar das tristes circunstâncias que o rodeavam. Estudou em Oxford, onde conheceu aquele que seria seu amigo de toda vida, William Morris e apaixonou-se pelas lendas arturianas. Posteriormente, nos meados da década de 1850 conheceria Rosetti, convertendo-se em discípulo seu. Burne-Jones teve uma personalidade complexa, combinando uma espécie de ascetismo monacal com uma grande afeição pelas antigas lendas e um cáustico sentido de humor. Depois de terminar um quadro sofria sempre uma crise nervosa. Casou-se com uma mulher notável, Georgina Macdonald, que se converteria na companheira de vida e na mãe que nunca teve. Durante muitos anos pintou exclusivamente para um pequeno círculo de pessoas acomodadas que adquiriram todas as suas obras, sendo praticamente desconhecido e vivendo de uma empresa para fabricar vidraçarias que havia constituído junto com alguns amigos. Finalmente em 1877 deixou-se convencer a expor na Galeria Grosvenor, convertendo-se da noite para o dia, num pintor aclamado, cuja fama chegou inclusive a superar a de Millais e a de Leighton. A partir de 1890, sua saúde começou a declinar e com a morte de William Morris, ocorrida em 1894, agravou-se. Morreu de repente em sua casa, no ano de 1898.

O Duelo – Quadro de William Boughereau, intitulado a Virgem da Consolação. Óleo sobre tela 204x148cm. Está exposto no Museu da Cidade de Estrasburgo.

O Fruto Maduro – Quadro intitulado Outono, pintado por John William Godward no ano de 1900. Mede 101x58cm e pertence a uma coleção particular.

O Guia – Quadro de William Bouguereau, intitulado Homero e seu Guia, pintado em 1874. Óleo sobre tela de 209x143cm. Está firmado e datado no ângulo inferior esquerdo. Acha-se exposto no Museu de Arte de Milwaukee, nos Estados Unidos.

O Impulso Inicial – Detalhe do afresco do mesmo nome que decora uma parte do teto da Sala da Assinatura, no palácio pontifical do Vaticano, pintado por Rafael entre os anos de 1509 a 1511.

O Inferno – Quadro Dante e Virgílio nos Infernos, de William Bouguereau, pintado em 1850. Medidas 281x225cm. Coleção privada.

O Juízo – Detalhe do afresco, O Juízo de Salomão, que decora a Sala da Assinatura no Vaticano, pintado por Rafael Sanzio em 1510. A parte reproduzida mede aproximadamente 100x 55cm. Rafael Sanzio, mais conhecido simplesmente por Rafael, nasceu em Urbino em 1483. Iniciou-se na arte com seu pai, pintor e poeta, passando pouco tempo depois à oficina do artista Perugino em Perusa. Dessa primeira etapa, em que é patente a influência do seu mestre, destacam-se Os Esponsais da Virgem, As Três Graças e o Sonho do Cavalheiro, obras em que predominam a simetria e as linhas suaves. Posteriormente, viajou para Florença, coração do Renascimento italiano, onde pôde conhecer as obras de Leonardo da Vinci e Miguel Ângelo, que deixaram profunda marca nele. Em Florença realizou numerosas Madonnas (Virgem Maria com o Menino Jesus) e Sagradas Famílias. Em 1508 transferiu-se para Roma, chamado pelo Papa Júlio II e ali trabalharia como pintor de afresco. No Vaticano pintou o Palácio onde estava a corte pontifícia, as três salas chamadas de a Assinatura, de Heliodoro e do Incêndio de Burgos; para isso contou com a ajuda de alguns dos seus discípulos, como Júlio Romano. Quando faleceu Júlio II em 1513, sucedeu-lhe Leão X, aumentando ainda mais a influência de Rafael, que foi nomeado mestre maior da Basílica de São Pedro em 1514, e um ano mais tarde dirigiu todas as escavações arqueológicas em Roma. Morreu em 1520, na prematura idade de 37 anos, sendo sepultado no Panteão, com o epitáfio escrito pelo poeta Bembo; "Aqui jaz Rafael: quando vivia, a natureza temia ser vencida por ele; agora que morreu, teme morrer". Rafael foi uma pessoa muito generosa, sempre disposta a oferecer seu coração e seus recursos a grandes e pequenos.

O Regalo – Quadro do mesmo nome, pintado por John William Godward no ano de 1889. Óleo sobre tela de 51x25cm. Pertence a uma coleção particular.

O Romance – De William Bouguereau, intitulado O Rapto de Psique. Óleo sobre tela de 209 x 120 cm. Do ano de 1895, pertence atualmente a uma coleção particular.

O Trabalho Vão – Quadro de John William Waterhouse. As Dânaides, pintado em 1904. Óleo sobre tela de 154 x111cm.

O Triunfo – Pintura de Rafael Sânzio, O Triunfo de Galateia, do ano de 1511. Mede 295x225cm. Afresco situado na Vila Farnesina, de Roma.

Em Suas Mãos – Pintura de William Bouguereau, denominada O Precavido, realizada no ano de 1891 em óleo sobre tela de 131x77cm. Está exposto no Museu de Arte de Toledo em Ohio, Estados Unidos.

A Alegria – A imagem que mostra essa carta reproduz a parte central do quadro de William Bouguereau, A Juventude de Baco, realizado no ano de 1884 e cujas dimensões são colossais: 331 x 610 cm. Óleo sobre tela, pertence a uma coleção particular.

A Beleza – Parte central do quadro O Nascimento de Vênus, de William Bouguerau. Monumental óleo sobre tela de 300x218cm, pintado em 1879. Exposto no Museu D' Orsay, em Paris. Vênus, deusa romana do amor e da beleza, aparece sobre a concha de um molusco em meio ao mar, rodeada de admiradores, enquanto duas sirenes fazem soar seus caramujos e os anjos, depois de terem sido testemunhas de seu nascimento, ascendem ao céu. O quadro, baseado no mesmo tema pintado por Boticelli, contém no total 22 figuras, todas, com detalhes extraordinários.

A Caridade – Quadro: A Caridade de Santa Isabel da Hungria, de Edmund Blair Leighton. Óleo sobre tela. Pertence à coleção de Fred e Serry Ross. Representa Santa Isabel, princesa húngara e filha do rei da Hungria, André II, casada aos 14 anos com Luis, filho do landgrave da Turíngia. Ficou viúva muito cedo, tomando o hábito de monja terceira franciscana e retirando-se ao hospital que ela mesma mandou construir. Dedicou o resto de seus dias à realização de obras de caridade na cidade de Marburgo. Entre outras muitas cidades e lugares, santa Isabel é a padroeira da arquidiocese de Bogotá. Edmund Blair Leighton nasceu em Londres em 1853. Se pai, Charles Blair Leighton, era um paisagista e retratista famoso, que expunha com frequência na Real Academia e em várias salas de Londres. Inicialmente trabalhou em função administrativa, mas logo começou a assistir às aulas de pintura em South Kensigton. Expôs suas obras pela primeira vez em 1874 e duas obras foram premiadas pela Real Academia. Casou-se em 1885 com Katherine Nash, de quem teve um filho, E. J. Blair Leighton, que também se dedicou à pintura. A especialidade de Leighton foi sempre o gênero histórico, criando obras muito meticulosas e bem-acabadas, que nos transportam nostalgicamente aos tempos medievais da cavalaria e do romantismo. Apesar de ter exposto muito na Real Academia, nunca foi acadêmico, nem sequer associado. Levou uma vida muito discreta, sem deixar nenhum tipo de diário, pelo que, só existem dados biográficos seus. Morreu em Londres, em 1922.

A Coroação – Quadro de Ingres intitulado A Apoteose de Homero, pintado em 1827. Óleo sobre tela que se expõe no Museu do Louvre em Paris.

A Colheita – Quadro de William Bouguereau, intitulado A Coletora de Uvas, datado de 1875. Óleo sobre tela de 140x63cm Encontra-se exposto na Karlberg Gllyptotek de Copenhague, Dinamarca.

A Curiosidade – Psique abrindo a Caixa de Ouro. Quadro de John William Waterhouse pintado em torno de 1903. Óleo sobre tela de 120 x75 cm. Coleção particular.

A determinação – Quadro intitulado A Virgem, pintado no ano de 1893 por Abbot Handerson Thayer. Óleo sobre tela que se expõe na Galeria de Arte Freer de Washington D. C., Estados Unidos. Thayer (1849-1921) foi um artista totalmente experimental e distinguido naturalista muito interessado pela biologia e especialmente pelas cores de animais e de plantas. Seus estudos sobre a camuflagem dos animais foram aplicados pelo exército dos Estados Unidos.

A Escolha – Fragmento do quadro Hércules entre a Virtude e o Vício, de Emmanuel Benner (1836- 1896). Óleo sobre tela de 146 x 117 cm. Pertence à coleção particular.

A Inveja – Circe invejosa. Quadro de John William Waterhouse pintado em 1892, Óleo sobre tela de 179 x 85cm. Conserva-se na Art Gallery of South Australia, de Adelaide. Austrália.

A Esperança – Quadro intitulado The Day Dream, de Dante Gabriel Rossetti, pintado em 1880. Óleo sobre tela de 157 x 92 cm. Acha-se exposto no Museu Vitória e Albert de Londres.

A Estrela – Quadro de William Bouguereau, A Estrela Perdida, pintado em 1884. Óleo sobre tela de 195,50 x 95 cm. Coleção privada.

A Felicidade – Quadro de William Bouguereau intitulado O Avispero, pintado em 1892. Óleo sobre tela de 213 x 152 cm. Está firmado e datado no ângulo inferior direito e pertence a uma coleção privada.

A Feiticeira – Circe oferecendo o copo a Ulisses. Quadro de John William Waterhouse pintado em 1891. Óleo sobre tela de 149 x 92 cm. Expõe-se na Oldham Art Gallery, Union Strrt, Oldham, próximo de Manchester, Inglaterra. John William Wateerhouse é considerado um dos pintores mais importantes da segunda metade do século XIX. Filho de pintores, nasceu em Roma, em 1849, morrendo de câncer em Londres, em 1917. Foi Membro da Real Academia das Artes desde 1895, casando-se em 1883 com Esther Kenworthy na Igreja Paroquial de Ealing, em Londres. Teve uma vida retirada e discreta. Não são conhecidos diários nem escrito algum e pelo que parece, preocupou-se em não deixar pista acerca de sua vida privada. Não obstante, sabemos de seu fascínio pelas lendas e sucessos da antiguidade. Manteve um estilo próprio desde o início de sua carreira, variando muito pouco, ainda que fosse refinando-o com o passar dos anos. São notáveis seus retratos femininos, mostrando sempre mulheres de carne e osso, com uma perfeita tonalidade de pele. Apesar de sua longa enfermidade, trabalhou praticamente até o dia de sua morte, sendo um dos artistas clássicos ao que se lhe tocou a sorte de viver em princípios do século XX, época em que seu estilo foi pouco apreciado e inclusive abertamente criticado, pois não tinha nada a ver com as tendências modernistas em moda naquele tempo.

A Indecisão – Quadro de William Bouguereau, intitulado Reverie, pintado em 1894. Óleo sobre tela de 112 x 71 cm. Firmado e datado na parte inferior esquerda. Pertence a colecionador particular.

A Indiscrição – Quadro Die Lauscherin de Eugene de Blaas. Óleo sobre tel. 80 x47 cm. Coleção privada. Eugene de Blaas nasceu em 1843, em Albano, próximo de Roma, de pais austríacos. Começou seus estudos de pintura com seu pai, o pintor histórico austríaco Karl de Blaas, logo acompanhando-o nas academias de arte de Veneza e Viena. Posteriormente se estabeleceu em Veneza, onde foi professor da Academia. Especializou-se em pintar temas venezianos, assim como personagens populares italianos em seu ambiente local. A partir de 1875 começou a expor em Londres onde chegou a desfrutar de certa fama. Atualmente, podem ver-se várias obras suas no Museu de Leicester. Morreu em 1931.

A Inocência – Quadro do mesmo nome de William Bouguereau, pintado no ano de 1875. Óleo sobre tela de 100 x 53 cm. Firmado no ângulo inferior esquerdo. Coleção particular.

A Inquietação – Quadro Pandora de Dante Gabriel Rossetti. Aquarela pintada no ano de 1879. Coleção privada.

A Intuição – Quadro intitulado O Despertar do Coração, de William Bouguereau. Óleo sobre tela de 160 x 111 cm. Coleção particular. Firmado e datado no ângulo inferior esquerdo.

A Liberação – Quadro de John Everett Millais, O Cavaleiro Andante, pintado em 1870. Óleo sobre tela de 184x136cm. Galeria Tate de Londres.

A Lua – Quadro de William Bouguereau, intitulado O Entardecer, pintado em 1882. Óleo sobre tela de 127x66cm. Coleção privada.

A Mãe – Quadro, Alma Mater de William Bouguereau, pintado em 1883. Óleo sobre tela de 230x130cm. Coleção privada.

A malícia – Quadro de William Bouguereau, intitulado Bacante, datado de 1899. Óleo sobre tela de 100x70cm. Firmado no ângulo inferior esquerdo. Coleção privada.

A Melancolia – Quadro intitulado Sentada, de Frederick Leighton. Coleção particular.

A Missiva – Quadro, Carta de Amor, de John William Godward, pintado em 1913. Óleo sobre tela. 80x40cm. Propriedade do Dr. Edward B. Frankel.

A Modéstia – Pintura de William Bouguereau denominada Modéstia, realizada no ano de 1902. Óleo sobre tela de 170x72cm. Coleção privada.

A Nostalgia – quadro intitulado By the Wayside, pintado em 1912 por John William Godward. Óleo sobre tela de 125x83cm. Atualmente, pertence a colecionador privado.

A Ociosidade – Quadro do mesmo nome pintado no ano de 1900 por John William Godward. Óleo sobre tela de 99x58cm. Coleção particular.

A Paz – Pintura de William Bouguereau denominada A Palmeira, realizada a óleo sobre tela. Coleção particular.

A Proteção – Quadro, A Caridade, de William Bouguereau pintado em 1878. Óleo sobre tela. 77x46cm. Pertence a um colecionador privado. Essa obra foi leiloada em maio do ano

2000 pela empresa Christie's de Nova Iorque, alcançando o valor de 3,520. 000 dólares.

A Reconciliação – Quadro de William Bouguereau, denominado Calinerie, pintado em 1890. Óleo sobre tela de 145x91cm, pertencente a uma coleção privada. Firmado e datado no ângulo inferior direito.

A Reflexão – Fragmento do quadro Boer War de John Byam Liston Shaw, pintor pré-rafaelista inglês (1872- 1919). Óleo sobe tela pertencente a uma coleção privada.

A Responsabilidade – quadro intitulado Astarté Siríaca, de Dante Gabriel Rossetti, pintado entre os anos de 1875 a 1877. Óleo sobre tela de 183 x 106 cm. Está exposto na Galeria de Arte da Cidade de Manchester, Inglaterra. Dante Gabriel Rossetti nasceu em Londres no ano de 1828, no seio de uma família de imigrantes italianos. Do mesmo modo, seu pai foi também um reconhecido poeta e grande especialista em Dante. Em sua juventude pintou aquarelas e fez amizade com Millais. Ao conhecer Elizabeth Siddal, que havia sido modelo de Millais para o quadro Ofélia, enamorou-se, casando-se finalmente no ano de 1860, quando já estava ela bastante enferma pela tuberculose. Rosseti realizou um grande número de desenhos de Elizabeth, muitos deles de grande sensibilidade. Depois de nascer seu primeiro filho, Elizabeth suicidou-se com uma sobredose de medicamentos. Rossetti, atormentado pela dor, enterrou com sua esposa os manuscritos dos seus poemas. Depois ficou um tempo vivendo só, acompanhado unicamente por animais silvestres, até a obsessão por Jane Morris, esposa do seu amigo William Morris. Os quadros que pintou nos últimos anos da sua vida foram todos de mulheres sós, com cores suntuosas e ambientes muito luxuosos, mas frequentemente claustrofóbicos. A maioria dos referidos quadros tem como modelo Jane Morris. Morreu em 1882, com saúde, tanto física quanto mental, arruinada pelo álcool e pelas drogas.

A Sinceridade – Quadro de William Bouguereau, intitulado Brisa de Primavera, datado de 1895. Óleo sobre tela de 98 x 65 cm. Firmado no ângulo inferior direito. Coleção privada.

A Tempestade – Quadro do mesmo Nome, pintado por William Bouguereau em 1874. Óleo sobre tela, pertencente a uma coleção privada.

A Tentação – Quadro A Mulher, o Homem e a Serpente de John Byam Liston Shaw. Óleo sobre tela de 184 x 54 cm, pertencente à coleção privada.

A Timidez – Quadro de William Bouguereau, intitulado A Penitência, datado de 1895. Òleo sobre tela de 131 x 77 cm. Firmado e datado no ângulo superior esquerdo. Coleção privada.

A Tranquilidade – Quadro de Jean Honoré Fragonard, Jovem Lendo, pintado no ano de 1776. Óleo sobre tela de 82 x 65 cm. Expõe-se na Galeria Nacional de Arte de Washington D.C., Estados Unidos. Fragonard foi um dos artistas favoritos da corte de Luís XV e Luís XVI por suas cenas amorosas de delicadas cores, situadas amiúde em jardins. Nasceu Grasse, a 5 de abril de 1732. Começou a estudar pintura aos dezoito anos em Paris com Jean Baptiste Simeon Chardin, mas seu estilo formou-se principalmente a partir da obra do seu mestre posterior, François Boucher. Em 1752 ganhou o grande prêmio de Roma, depois de ser discípulo durante três anos do pintor francês Carle Van Loo. Fragonard estudou e pintou durante seis anos na Itália, onde recebeu a influência do mestre veneziano Giovanni Battista Tiepolo. No início, Fragonard desenvolveu um estilo de acordo com a temática religiosa e histórica. Não obstante, depois de 1765 seguiu o estilo rococó, então, em moda na França. As obras dessa última época, que são as mais conhecidas, refletem a alegria, a frivolidade e a voluptuosidade do período. Caracterizam-se pela fluidez de linhas, vaporosas flores em meio a uma suave folhagem e as figuras com poses cheias de graça e elegância, normalmente de damas com seus amantes ou camponesas com seus filhos. A Revolução Francesa levou-o à ruína econômica, ao cair da nobreza de quem recebia encargos. Ainda que contasse com a ajuda de Jacques-Louis David, o pintor mais importante da nova escola neoclássica francesa, Fragonard não chegou a se adaptar nunca ao novo estilo e morreu na pobreza em 22 de agosto de1806, em Paris.

A Tristeza – Quadro The Timbourine girl (a tamborineira) de John William Godward, pintado em 1906. Óleo sobre tela de 114 x 76 cm, Coleção privada.

A Vaidade – Quadro de John William Godward, intitulado O espelho, pintado em 1899. Óleo sobre tela de 80 x 37 cm. Coleção privada. John William Godward (1861 1922) marca o declive do neoclassicismo na pintura europeia e ocidental. A serena beleza e a extraordinária execução técnica dos seus quadros não recebeu na sua época e inclusive após sua morte, senão uma fria acolhida por parte dos críticos mais interessados nas novas correntes e nas modas pictóricas que surgiram no início do século XX, do que num estilo que já perdurava quase quinhentos anos. É o último grande expoente do clássico. A vida privada desse pintor é um mistério. Preferiu o anonimato à publicidade e seus descendentes cumpriram fielmente com esse desejo seu.

A Verdade Nua – Quadro intitulado A Verdade de Jules Joseph Lefèbvre, pintado em 1870. Óleo sobre tela. 265x112cm. Museu D' Orsay, Paris. Lefèbvre nasceu em 1836. Filho de um padeiro, que ao ver o talento do seu filho mandou-o estudar em Paris, onde, anos depois foi admitido como aluno na Academia de Belas Artes. Posteriormente, ganhou uma beca para ir a Roma, onde estudou os grandes mestres, começando aí sua preferência pelos nus. Depois da morte de seus pais e de sua irmã, regressou a Paris, pintando em 1870 seu famoso quadro, A Verdade, representada por uma mulher nua que mantém no alto um espelho. Nos anos seguintes, produziu muitas variações desse quadro (Maria Madalena, Pandora, Diana, Psique, Aurora etc). Muitos consideram que a qualidade dos seus nus foi superada, talvez, somente por Bouguereau, ainda que Lefèbvre utilizasse maior quantidade de modelos. Em 1891 foi nomeado membro da Academia de Belas Artes, recebendo a Legião de Honra em 1898. Morreu no ano de 1911.

A Lição Difícil – Quadro do mesmo nome de William Bouguereau. Óleo sobre tela de 97 x 66 cm, pintado no ano de 1884. Coleção privada.

Os sonhos – Quadro intitulado Nossa Senhora dos Lírios, do artista checo Alphonse Maria Mucha (1860- 1939), pintado a óleo sobre tela de 74 x 56 cm no ano de 1904, pertencente na atualidade a um colecionador privado. Alphonse Mucha nasceu em 1860 na Morávia, próximo à cidade de Brno, onde atualmente é a República Tcheca. Ainda que seus pais quisessem que exercesse um ofício, ao terminar a escola Mucha encaminhou sua vida para o mundo artístico. Como todo pintor que naquela época se apreciasse, terminou estudando em Paris no ano de 1887, ainda que com mais idade do que a maioria dos companheiros. Ao acabar o dinheiro viu-se obrigado a abandonar os estudos, passando épocas muito difíceis. Partilhou um estudo com Gauguin, deu lições de pintura e organizou bailes de artistas. Finalmente, em janeiro de 1895, apresentou aos parisienses seu novo estilo: o Art Nouveau. Logo causou sensação até chegar literalmente a transformar a cidade e a se converter no pintor e decorador da moda. Desenhou o pavilhão da Bósnia-Herzegovina na exposição mundial de Paris em 1900. Da sua oficina saíram milhares de litografias para cartéis publicitários. Fez também esculturas e inclusive desenhou joias. Sua fama estendeu-se por todo o mundo, As autoridades checas encomendaram--lhe numerosas pinturas para os edifícios públicos de Praga, criando então sua famosa série "A Épica Eslava", composta por vinte telas de 8 x 10 m cada uma, obra que levou dezoito anos para completar. Quando os alemães invadiram a Checoslováquia foi detido pela Gestapo, morrendo pouco depois, em julho de 1939.

Mensagem Importante – Fragmento do quadro A Anunciação, de Sir Edward Coley Burne-Jones sobre tela de 250 x 105 cm. Expõe-se na Lady Lever Art Gallery de Merseyside, Inglaterra.

Múltiplos Amores – Quadro A Primavera de William Bouguerau, pintado em 1886. Óleo sobre tela de 215 x 117 cm. Está exposto no Joslyn Art Museum de Omaha, Nebraska, Estados Unidos.

Música Celestial – Fragmento do quadro de William Bourguereau, intitulado A Virgem e os Anjos e também A Canção dos Anjos, datado de 1881. Óleo sobe tela de 213 x 152 cm. Acha-se exposto no Museu de Forest Lawn Memorial Park, em Glendale, Califórnia, Estados Unidos. Essa obra foi leiloada a 20 de abril de 2005 pela empresa Sotheby's de Nova Iorque, no valor de 1.558.000 dólares.

Penas de Amor – Quadro de William Bouguereau, pintado em 1899. Óleo sobre tela pertencente a uma coleção privada. Firmado e datado no ângulo inferior direto.

Proteção Angélica – Quadro intitulado Figura Alada, pintado no ano de 1889, por Abbot Handerson Thayer. Óleo sobre tela de 131x96cm que se expõe no Instituto de Arte de Chicago, Illinois, Estados Unidos.

Saciar a Sede – Quadro de William Bouguereau, intitulado Na Fonte, pintado em 1897. Óleo sobre tela de 153x94cm, pertencente a uma coleção privada. Firmado e datado no ângulo inferior esquerdo.

Tímido Amor – L' Amour Mouillé. Quadro pintado por William Bouguereau em 1891. Óleo sobre tela. 155x85cm. Coleção privada.

Um Passatempo – Quadro intitulado Velhos Passatempos, pintado no ano de 1916, por John William Godward. Óleo sobre tela de 99x50cm. Pertence a uma coleção privada.

Conheça outros Tarôs da Editora Isis

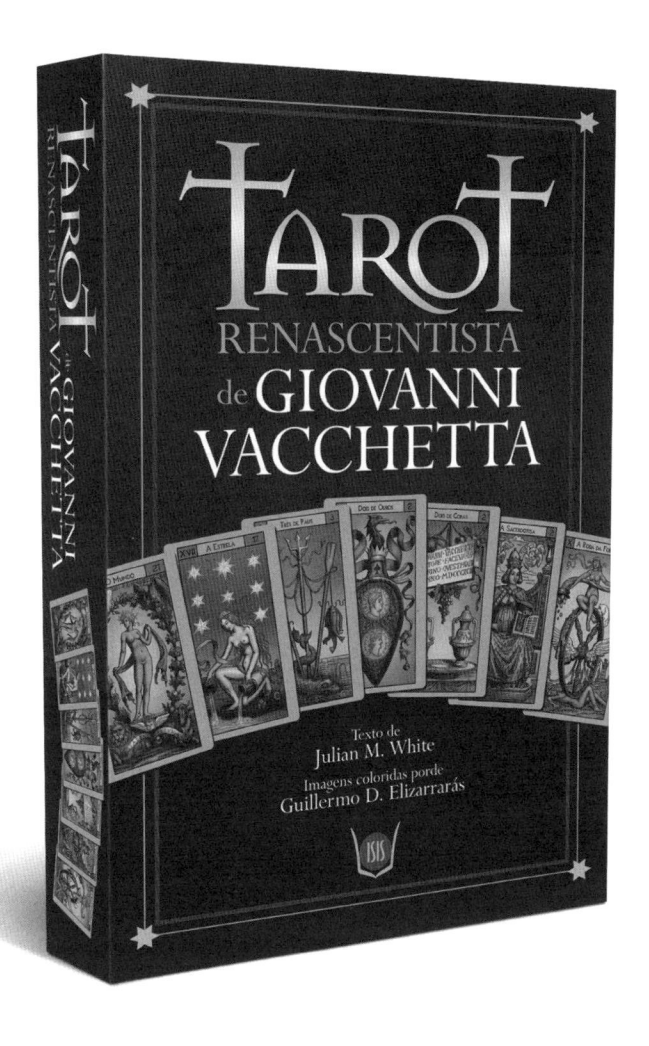

TAROT RENASCENTISTA de GIOVANNI VACCHETTA

Texto de
Julian M. White

Imagens coloridas por de
Guillermo D. Elizarrarás

Conheça outros Tarôs da Editora Isis

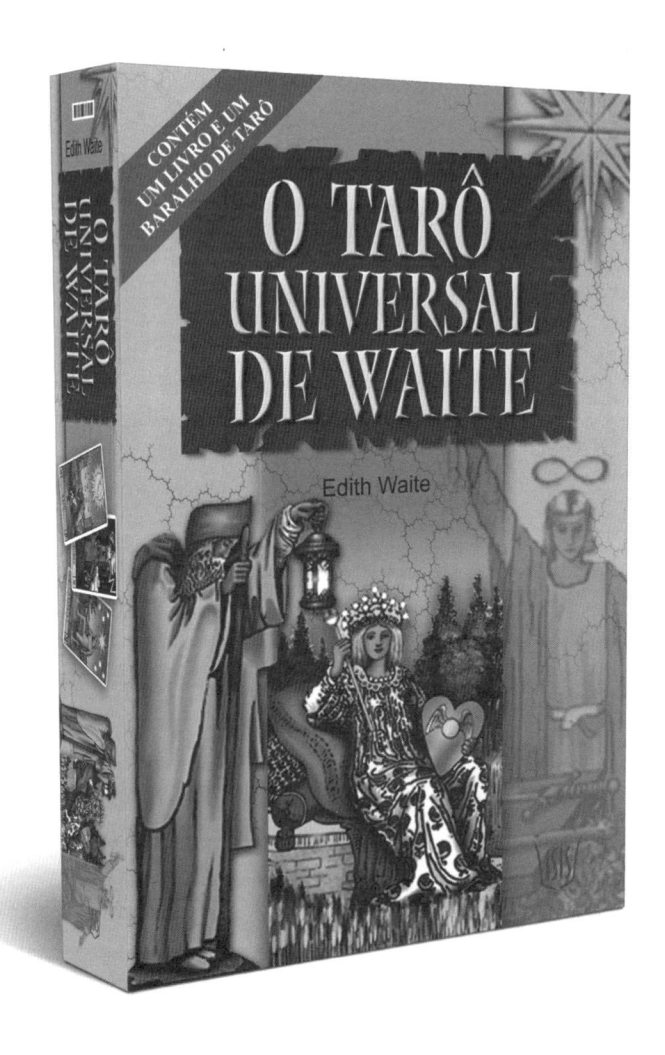

O TARÔ UNIVERSAL DE WAITE

Edith Waite

CONTÉM UM LIVRO E UM BARALHO DE TARÔ